P9-DND-326

Infancia es destino

Infancia es destino

Guadalupe Loaeza

Prólogo del Dr. Ernesto Lammoglia

AGUILAR

Infancia es destino
D. R. © Guadalupe Loaeza, 2010.

© De esta edición:
Santillana Ediciones Generales, S.A. de C.V.
Avenida Universidad 767, col. del Valle,
C.P. 03100, México, D.F.
Teléfono: (55 52) 54 20 75 30

Primera edición: octubre de 2010

Diseño de cubierta: Fernando Ruiz

ISBN: 978-607-11-0595-0

Impreso en México

ÍNDICE

Prólogo por el doctor Ernesto H. Lammoglia 9
Presentación 21
Blaise Pascal (1623-1662) 27
Wolfgang Amadeus Mozart (1756-1791) 31
Charles Darwin (1809-1882) 37
Federico Chopin (1810-1849) 43
Charles Dickens (1812-1870) 47
Gustave Flaubert (1821-1880) 51
Julio Verne (1828-1905) 57
Porfirio Díaz (1830-1915) 63
Henri de Toulouse-Lautrec (1864-1901) 67
Marcel Proust (1871-1922) 71
Virginia Woolf (1882-1941) 77
José Vasconcelos (1882-1959) 83
Adolfo Hitler (1889-1945) 89
Alfonso Reyes (1889-1959) 95
Charles Chaplin (1889-1977) 101
Agustín Lara (1897-1970) 107
Al Capone (1899-1947) 111
Jorge Luis Borges (1899-1986) 115
Pablo Neruda (1904-1973) 121
Salvador Novo (1904-1974) 125
Jean-Paul Sartre (1905-1980) 131
Frida Kahlo (1907-1954) 137
Julio Cortázar (1914-1984) 145

Octavio Paz (1914-1998) 151
Elena Garro (1917-1998) 157
Juan Rulfo (1917-1986) 163
Nat King Cole (1919-1965) 169
Federico Fellini (1920-1993) 173
Marcial Maciel (1920-2008) 179
Mario Benedetti (1920-2009) 187
Mickey Rooney (1920-) 193
José Saramago (1922-2010) 199
Marlon Brando (1924-2004) 203
Rosario Castellanos (1925-1974) 209
Jaime Sabines (1926-1999) 213
Gabriel García Márquez (1928-) 219
Shirley Temple (1928-) 225
Ana Frank (1929-1945) 229
Elizabeth Taylor (1932-) 233
Pedro Friedeberg (1936-) 237
Mario Vargas Llosa (1936-) 245
Carlos Monsiváis (1938-2010) 249
John Lennon (1940-1980) 255
Carlos Slim Helú (1940-) 261
Edson Arantes do Nascimento (1940-) 269
Liza Minelli (1946-) 275
Herta Müller (1953-) 281
Michael Jackson (1958-2009) 285
Carlos Fuentes Lemus (1973-1999) 291
Epílogo 295
Carta a mi madre 297

PRÓLOGO

Doctor Ernesto H. Lammoglia

Santiago Ramírez, destacado psicoanalista mexicano, dedicó un largo tiempo a estudiar las infancias de sus pacientes y descubrió que todos ellos repetían patrones que provenían de una experiencia traumática de su infancia. A partir de ese hallazgo escribió su libro *Infancia es destino*, mismo que lleva más de 20 ediciones a la fecha. En él muestra cómo la infancia repercute en el presente de cada individuo y deja huellas que trascienden en el tiempo afectando los modelos de comportamiento en la edad adulta. A partir de esta teoría, podemos resignificar el pasado y comprender el carácter de muchas experiencias tardías.

Con base en este pequeño libro de Santiago Ramírez, Guadalupe Loaeza nos habla en esta obra, sobre las experiencias infantiles de grandes personajes de la historia que no sólo han sido marcados por ellos, sino que han incidido definitivamente en su destino.

El diccionario describe la palabra destino como una fuerza desconocida capaz de obrar sobre los hombres y los sucesos; un encadenamiento de acontecimientos considerado como necesario y fatal. También se le define como meta o punto de llegada. En esta acepción, sabemos que el destino último de cada ser humano es morir. Éste nadie lo puede cambiar. Es posible provocarlo más no evitarlo. Antes de ese momento, un ser humano pudo haber vivido desde sólo unas horas hasta una edad muy avanzada feliz o infelizmente.

Si nos referimos al destino de un niño como su vida en la edad adulta estamos hablando realmente de su futuro. La mayoría de los padres tratan de dar a sus niños todo lo que consideran necesario para granjearles un buen futuro: una buena educación, una nutrición adecuada, afecto y cuidados de salud. Algunos consideran importante procurarles un respaldo económico, integrarlos a su religión, fomentarles cierto deporte o llevarlos a tomar clases de idiomas o diferentes actividades artísticas.

La cantidad de posibles desenlaces a causa de las acciones presentes y acontecimientos pasados es incalculable. También, la inmensa variedad de causas que afectan la vida de un sujeto es formidable, tanto que es imposible conocerlas todas y enlazarlas entre sí. Es por esto que, desde tiempos inmemorables, la gente acude a la adivinación. Hay quienes, en un intento por conocer o controlar su destino o el de sus hijos, buscan la magia. En muchas culturas se cree que se puede conocer el propio destino si se consulta a la persona indicada: un profeta, un mago, un brujo, un vidente, un oráculo, una gitana o un santo. Las lecturas del futuro han existido siempre, utilizando variados métodos como leer en las entrañas de un animal, en huesos tirados al azar, en cartas del tarot, en semillas o comunicándose directamente con un ser del más allá. También, en un intento por cambiar el futuro, se recurre a rituales y encantamientos para la buena fortuna, conseguir el amor o recuperar la salud. De hecho, la superstición tiene un gran mercado en todo el mundo.

Se sabe que cada decisión que tomamos modifica nuestro futuro, pero en la infancia, las decisiones importantes son tomadas por otros, generalmente los padres. ¿Qué tanto control se puede tener sobre el futuro de un menor? La respuesta es: muy poco. Las condiciones de la vida adulta son resultado de una compleja interacción entre factores genéticos, psicológicos, ambientales y socioeconómicos. La mayoría de estos están fuera de nuestras manos.

El estado de salud y el ambiente en que nos desarrollamos en la infancia desempeñan un papel primordial en nuestro futuro. Los hábitos de alimentación en la familia, por ejemplo, son fundamentales. Un niño sano puede convertirse en obeso si se alimenta con comida chatarra. Esto a su vez le creará mucho sufrimiento, será objeto de burla en la escuela y tendrá dificultades para realizar las actividades normales de la infancia. Todo esto le dejará lo que algunos llaman "cicatrices del alma" que lo acompañarán el resto de su vida. En cuanto a la salud, no sólo es importante la nutrición, también las vacunas, la higiene y los cuidados durante la enfermedad pueden evitarle consecuencias fatales en la edad adulta.

Muchos padres creen que se puede orquestar la vida de sus hijos de manera que obtengan éxito, fama y fortuna. Es verdad que en ciertos casos, muy pocos, ha dado resultado. Lorena Ochoa, la joven mexicana que se convirtió en la mejor golfista del mundo, siempre insiste en que gracias al apoyo de su familia pudo triunfar. Sin embargo, muchas niñas y niños han recibido el mismo apoyo y entrenamiento sin poder lograrlo.

Por otro lado, hombres y mujeres que tuvieron una infancia muy difícil llegan después muy lejos en la vida. Un buen ejemplo es Golda Meir, la séptima de ocho hijos de una familia judía. Vio a cinco de sus hermanos mayores morir de pequeños a causa de la pobreza y las enfermedades. A los cinco años vivió en carne propia la crueldad antisemita, el hambre y la ausencia del padre. A los ocho trabajaba mucho y estudiaba poco. ¿Quién iba a imaginar que esa niña nacida en Ucrania y emigrada a Estados Unidos iba a convertirse en la primera mujer con el cargo de primer ministra de Israel? Pero no podemos decir que lo logró a pesar de su infancia en este caso fue precisamente el sufrimiento que padeció lo que la impulsó a luchar en la vida. Ella misma dijo en una ocasión: "Si cabe una explicación al rumbo que tomó mi vida, es seguramente mi deseo y determinación de que nunca más tuviera un niño judío que vivir semejante experiencia".

Gracias a la "cultura" televisiva actual, se piensa que fama y fortuna son un buen destino, lo cierto es que no siempre procuran la ansiada felicidad. Podríamos pensar que Coco Chanel, quien vivió una infancia llena de carencias, más tarde fue feliz al convertirse en la diseñadora que cambió la moda en el mundo, pero no es así. Tenía el talento y la ambición más no los recursos ni el apoyo, por lo que recurrió a la prostitución para obtener el dinero necesario para realizar su sueño. La mujer tuvo muchos amantes pero un solo amor, un hombre que se casó con otra mujer y al que lloró amargamente cuando murió. En alguna ocasión dijo: "Durante mi infancia sólo ansié ser amada. Todos los días pensaba en cómo quitarme la vida, aunque, en el fondo, ya estaba muerta. Sólo el orgullo me salvó".

Consiguió mucho reconocimiento, pero no ese amor que deseaba y menos la felicidad. Murió en medio de la soledad.

Personajes famosos que lograron grandes cosas tuvieron una infancia difícil, otros crecieron con todas las ventajas posibles. Así que parece no haber reglas. Si bien la manera como un niño es criado tendrá una profunda influencia en el adulto en que se convertirá, no es posible planear su felicidad ni asegurar su destino. Son demasiados los factores que intervendrán en su vida sobre los que no tenemos ningún control.

Por desgracia, lo más fácil es afectar el destino de un niño para mal. Hay un límite en lo que cada menor es capaz de tolerar. La naturaleza de cada ser humano es única. No todos somos igual de fuertes o vulnerables. El daño psicológico y emocional que causa una violación en la infancia puede ser suficiente para destruir todas las posibilidades de un niño de llegar a ser feliz.

Nuestro destino resulta también del conjunto de causas y efectos que provienen de la vida de nuestros antepasados sin los cuales no estaríamos aquí. Las intrincadas cadenas de acontecimientos que determinan nuestra vida hacen que el futuro sea un misterio de nuestra existencia. No hay manera de poder controlar todo, siempre habrá sucesos inevitables.

De acuerdo con muchos psicólogos, el niño que crece con una autoestima elevada es el que más probabilidades tendrá de realizarse en la vida ya que se trata del factor que determina el éxito o el fracaso de cada ser humano. La propia seguridad le dará el valor y la energía necesarios para salir al paso de cualquier circunstancia; le dará mejores resultados en sus relaciones con los demás y así, es más probable que alcance la felicidad. Pero la autoestima no viene en píldoras ni existe una receta fácil para fomentarla. Cada niño es un ser humano único. La vulnerabilidad y la capacidad de resistencia es totalmente individual, los niveles de tolerancia e intolerancia son diferentes en cada persona. Un recién nacido tiene características individuales, posee rasgos de carácter y psicológicos distintos de los demás. El bebé, al nacer, trae consigo cualidades propias y aptitudes que pueden desarrollarse en los diferentes periodos de su crecimiento. Se le puede apoyar para que manifieste sus habilidades al máximo, pero no se le pueden inventar. La predisposición genética, que no cambia, tendrá una influencia para toda la vida, muy especialmente en la conducta.

Nuestra niñez nos marca irremediablemente para bien o para mal pero no determina todo nuestro destino. Al llegar a la edad adulta se toman las propias decisiones, mismas que cambiarán el rumbo de nuestra vida una y otra vez. La responsabilidad pasa a ser nuestra, de nadie más. Lo aprendido en la infancia está ahí pero el adulto decide qué hacer con ello. El adolescente no es niño ni adulto, sin embargo vive una etapa en la que tomará decisiones que sellarán su futuro para bien o para mal, como seguir estudiando o ingerir drogas.

Para Freud, psicológica y emocionalmente el molde de la infancia imprime su sello a los modelos del comportamiento adulto. Para él, la infancia es el destino de cada ser humano y todo lo que se vive y se aprende cuando se es niño se refleja en el futuro adolescente y en el adulto. Esta idea reduccionista ha quedado atrás. Sin duda, Freud descubrió gran parte del funcionamiento psicológico del ser humano, sin embargo, él mismo terminó reconociendo que su teoría no explicaba muchos de los trastornos que afectaban el comportamiento humano. Su enfoque excluía materialmente un número muy importante de situaciones, condiciones y circunstancias que determinan, en millones de seres humanos, niveles de infelicidad, sufrimiento y enfermedad.

Yo mismo, al preguntarme cómo llegué hasta aquí, cuáles fueron los factores que marcaron mi rumbo de modo que hoy sea quien soy, sólo puedo identificar sólo algunos, el resto escapa a mi comprensión.

Fui educado en una forma familiar tradicional que he llamado "ultra-conservadora". Tuve una educación informal, las conductas y teorías que yo escuchaba venían de mis abuelas y de mis tías abuelas, principalmente de mi abuela paterna y dos de sus hermanas quienes provenían de una familia muy primitiva perteneciente a una sociedad muy conservadora como lo era la aristocracia de Huajuapan de León, Oaxaca. Ellas llegaron a la región de Orizaba a principios de siglo con una idea muy estrecha de lo que debía ser la educación, muy marcada por el aspecto de la religiosidad mal entendida que llegaba en ocasiones al extremo de lo que llamamos en México la "mochería". Tan fue así que llegué a ser monaguillo. Pero por más que lo intentaron mi "destino" no fue el religioso.

Mis padres, que eran muy jóvenes y contaban con recursos económicos, se dedicaban a vivir su relación de pareja y a divertirse o distraerse en sus tiempos libres como lo hacen en todas las poblaciones pequeñas: yendo a cenar, a jugar loterías y a disfrutar de las conversaciones con otras amistades, conversaciones en las que por supuesto no estábamos incluidos los niños ya que no se nos permitía participar ni escuchar. Me recuerdo, incluso, pidiendo permiso para poder entrar a la sala o pidiendo la llave del librero para poder sacar algún libro, especialmente en casa de mi abuela quien puede haber tenido cierto temor a que yo leyera los libros de mi abuelo que era médico, sobre todo en aquella parte en que consideraban, también en aquella época, que los niños debían estar totalmente desinformados y que era la referente a la sexualidad y la genitalidad humanas.

Por otro lado, mi madre me hizo jurarle que jamás sería médico como mi abuelo. Ella pensaba que esa era la causa de que muriera joven. A pesar de aquel juramento, terminé siendo médico y no morí joven.

Fui un niño muy tímido, callado e introvertido que a veces me expresaba abiertamente, como lo hice después de joven solamente en el ámbito escolar o en la calle. En la casa, no sé si por hipocresía o por mi naturaleza, fui un niño sumamente callado, retraído y obediente, lo que mi mama llamaba "un niño bueno", cosa que aún me causa escozor ya que en labios de mi madre decir que soy el más bueno significaba que soy el más tonto.

Vivimos un tiempo en Guadalajara. Ahí pasé tres años de primaria en una escuela confesional de religiosos maristas. Yo tenía nueve años de edad cuando regresamos a la ciudad de Córdoba y fuimos repartidos mi hermana mayor, mis otros dos hermanos y yo, con abuelas y abuelos porque nos habíamos quedado en la inopia. Se había terminado la vida de bonanza y del "castillo de la pureza" en los que había vivido hasta entonces. Ya sin recursos económicos, ingreso por primera vez a una escuela oficial y ahí me enfrento por primera vez a la realidad de los niños que iban descalzos a la escuela, niños hijos de campesinos. Desconocía hasta ese momento todo aquello que tuviera que ver con la sexualidad.

Cuando tenía 14 años en plena adolescencia, escuché hablar a mi padre y a mi abuelo paterno, que era de origen italiano y exageradamente machista. Estaban muy preocupados porque a esa edad yo aún no tenía novia, comentaban que seguramente se debía a que yo era "maricón" y era necesario enseñarme muchas cosas pues ellos a esa edad ya habían tenido parejas sexuales y amantes.

Mi abuelo anduvo seduciendo mujeres, entre ellas dos monjas en los Balcanes después de la Segunda Guerra Mundial. Esa fue la razón por la que tardó ocho años en regresar y por lo que mi abuela, creyéndolo muerto, se volvió a casar, dando por resultado que yo tuviera tres abuelas y tres abuelos. Recuerdo que mi abuelo me enseñaba las cartas de sus amantes con un orgullo como de casta y de género muy característico de los machos. Para mi abuelo el machismo, desde el punto de vista de la virilidad, era fundamental. Su sentido de la vida eran el erotismo y la sexualidad, y para él, que su nieto, que además llevaba su nombre, no tuviera novia a los 14 años era sinónimo de homosexualidad.

Mi padre, con la misma experiencia, había llegado a la misma conclusión que mi abuelo. Yo le dije: "Papá, escuché lo que mi abuelo estaba diciendo, yo no soy maricón ni me gustan los hombres. Sí me gustan las muchachas, lo que pasa es que no sé cómo pedirle que sea a alguien mi novia y menos que tenga una relación sexual conmigo (por supuesto ahora sí sabía lo que era una relación sexual). Me da mucho miedo, me tiemblan las rodillas, me pongo muy nervioso y no sé qué hacer".

Mi papá se me quedó mirando diciéndome con la pura mirada: "Que pendejo eres". Después me dijo: "Hijito, es muy sencillo, a las mujeres pídeles lo que quieras que si no te lo dan, te lo agradecen".

En fin, ese fue otro pronóstico que no se cumplió.

En algún momento dado mi padre quiso que yo fuera padrote. Como tocaba bien el piano, se le ocurrió que ese sería mi destino. Quería poner una casa de citas elegante con un bar, yo me encargaría de amenizar las reuniones tocando el piano. Pero nada de eso ocurrió, ni hubo casa de citas ni me dediqué a la música.

El niño tímido que fui, se convirtió en un joven todavía más tímido. Apareció siempre frente a los demás como el líder, como el fuerte y como el audaz, y los audaces acaban mal. Me fui a la Ciudad de México a los 15 años de edad, me habían echado de la casa por haber sido corrido de la escuela y mi padre me había invitado a dejar la casa como él dijo: hasta que yo llevara algo para comer. Llegué primero a trabajar y después me puse a estudiar. Conseguí trabajo de obrero en lo que después se constituyó como la fábrica DINA en lo que entonces empezaba a ser Ciudad Sahagún en Hidalgo. Más tarde, cuando me permitieron seguir estudiando fue para mí una bendición.

Recuerdo que aspiraba a obtener la cartilla militar para ser más mexicano, más responsable y llegar a ser hombre. Esa fue la meta de mi juventud.

Terminé mi carrera de medicina y después mi especialidad en ciencias de la conducta, psiquiatría, a los 30 años. Coincidentemente me encontré con un familiar político que me ayudó a ingresar en la residencia, y con autorización del entonces director de Salud Mental de la Secretaría de Salubridad, don Guillermo Calderón Narváez, a hacer mi último año básicamente como especialista en el tribunal para menores con el director don Gilberto Bolaños Cacho, que fue mi segundo padre.

Ahora llego a la edad de ser abuelo y me encuentro con que tengo que aprender de nueva cuenta en este nuevo ciclo de mi vida.

Nadie puede predecir el futuro de nadie, ni siquiera el de uno mismo. Ignoro qué va a pasar conmigo en estas 24 horas y desde luego lo que podría sucederme mañana. La muerte es la única certidumbre que tenemos los seres humanos. Desde el momento de nuestro nacimiento, la única verdad es que si nacemos tenemos que morir. Esa certidumbre se ha convertido en todas las culturas, en todas las civilizaciones en motivo de terror, de miedo, de asombro, de evasión y de duda.

El destino de un niño no es uno solo. No hay tal cosa como "vivieron felices para siempre". A la edad que sea, todos experimentamos un continuo proceso de ajuste y desajuste. Nuestra reacción a este proceso estará controlada por nuestras capacidades afectivas e intelectuales. Con cada cambio, nos vemos en la necesidad de adaptarnos y desadaptarnos continuamente.

Cuando miramos hacia atrás, podemos ver muchos de los acontecimientos que nos trajeron hasta donde nos encontramos ahora, y distinguir entre aquello que es efecto de causas externas y lo que es producto de nuestras propias elecciones.

Esto es que lo vemos en esta lectura. Siempre resulta interesante ver la relación que tuvo la infancia de personajes famosos con su destino. En este libro, Guadalupe se ha dado a la tarea de recopilar esas anécdotas de la infancia de personajes que alcanzaron la fama en donde hechos identificables coinciden con lo que después llegaron a ser.

Presentación

Infancia es destino es un recorrido por la niñez de los más sobresalientes políticos, escritores, actores, pintores, compositores, intérpretes, y también de deportistas, así como de algunos científicos connotados. No hay duda de que las experiencias infantiles de los grandes personajes de la historia los han marcado y gracias a ellas podemos explicarnos su vocación, su personalidad, así como sus fobias y sus defectos, pero sobre todo sus virtudes y sus pasiones. Cuánta razón tenía el psicoanalista mexicano Santiago Ramírez (1921-1989) cuando escribió *Infancia es destino* (tiempo después publicó una obra más con el título *Infancia, sí, es destino*). Sí, este reconocido médico, sumamente delgado, con sus gruesos anteojos, su pelo largo, dedicó gran parte de su vida a estudiar las infancias de sus pacientes para darse cuenta de que todos ellos repetían patrones que provenían de una experiencia traumática de su niñez. Dicen que consideraba tan importante esta etapa que la utilizó no sólo para explicar a las personas, sino especialmente a los mexicanos. En 1959, publicó su libro *El mexicano: psicología de sus motivaciones*, en el que afirmaba que la psicología del mexicano puede explicarse a través de su "infancia", es decir, del trauma de la Conquista. Tal vez por ese motivo, en ese libro escribió: "La historia de México es la del hombre que busca su filiación, su origen".

¿Por qué los mexicanos somos como somos?, ¿a qué le tenemos miedo?, ¿qué nos causa angustia?, ¿por qué actuamos como actuamos cuando viajamos? A todas estas preguntas respondió el doctor Ramírez con el estudio de nuestros orígenes históricos. Los primeros hijos de los españoles con las indígenas nacieron en el total desamparo y fueron víctimas del abandono del padre. Pero resulta que los mestizos idealizaban a su madre indígena, en tanto que con su padre tenían sentimientos encontrados. Por un lado, veían a su padre español como alguien completamente distante y, por otro, lo admiraban por su valentía y por su capacidad de conquista. No obstante también observaban que la madre indígena era vista menos por los conquistadores. Tal vez, de entonces, proviene la soledad que caracteriza a los mexicanos que no pueden encontrar su identidad, pensaba Santiago Ramírez.

Hay que decir que el libro del mexicano fue el primer *best seller* del psicoanálisis en nuestro país, aunque como decía el doctor Ramírez, en 1952 apenas había un sólo psicoanalista en México. Sin embargo, su libro se convirtió en un éxito y, pronto, todo mundo comenzó a explicar a los mexicanos de acuerdo con el psicoanálisis. Más adelante, en 1975, apareció el libro *Infancia es destino*, el cual a la fecha lleva más de 20 ediciones. Nosotros nos preguntamos: ¿por qué es tan importante la infancia?, ¿a qué se debe que sea tan relevante lo ocurrido en este periodo del que a veces no recordamos casi nada?

Como dice el doctor Ramírez: "Los años infantiles se han olvidado; a pesar de ello nos quedan, como en las ciudades perdidas, restos que nos sirven para reconstruir su arquitectura". Curiosamente, Santiago Ramírez fue dándose cuenta de que sus pacientes condensaban sus experiencias en un único recuerdo. ¿A qué se debía eso? Se debía a que ese recuerdo era un símbolo de algo global, es decir, de todas las experiencias de sus pacientes. Pero como decía Sigmund Freud, no es que el paciente "recuerde", sino que en realidad está volviendo a vivir sus experiencias, sus afectos y sus odios. Se diría que las personas no podemos salir de esa pauta y que siempre estamos condenados a repetirla y repetirla y repetirla, así como si fuera el *Bolero de Ravel*. No, en serio que no exagero, es así como lo dice el autor de *Infancia es destino*. Digamos que es como el ejemplo que pone el psicólogo Karl Menninger: es como la huella de un oso que perdió algunos dedos hace mucho tiempo en una trampa, pero cada vez que pisa se nota la existencia de esa falta.

¡Ay, pero qué terrible diagnóstico! ¿Querrá decir que de veras es imposible cambiar el pasado? ¿Será tan cierto que infancia es destino? ¿Y ya no habrá manera de cambiar el destino? A lo mejor muchos piensan que el destino no existe y que los psicoanalistas tienden a exagerar. "Ay, no, no es cierto, con el tiempo un adulto puede ir superando esos traumas infantiles. Uno es responsable de su destino". O, como decía Amado Nervo: "Uno es arquitecto de su propio destino"; a lo mejor piensan algunos de nuestros lectores: "No podemos pasar nuestra vida justificando nuestros errores y estar culpando a nuestros padres". Pues, sí; como dice Santiago Ramírez, los motivos que rigen la conducta son fundamentalmente infantiles y además se encuentran profundamente anclados en el pasado. Y, por si fuera poco, con los años cada persona va creando argumentos defensivos que tratan de encubrir el modelo esencial de todos nuestros patrones de conducta.

¿Qué quiere decir lo anterior? Pues que así como una persona elige unos cuantos recuerdos para explicar toda su historia infantil, de la misma manera va a escoger también sólo algunos fragmentos de la realidad actual. Es decir, que una persona puede recordar un momento en que su padre actuó de manera muy agresiva y autoritaria. ¿Por qué Kafka recordó hasta su muerte cuando de niño su padre lo sacó al balcón y lo dejó allí, como castigo, toda una noche? ¿Por qué en vida volvía a esa experiencia tan triste una y otra vez? Mucha gente cree que la infancia ha quedado demasiado lejos y que de alguna manera ha superado esa etapa. Pero, desafortunadamente, casi nunca es así. Como dice el doctor Ramírez: "Cuando uno se ve abrumado por la repetida, reiterada y sistemática inundación de la infancia de un pasado en el presente terapéutico, es lógico que pensemos que la infancia sí es el destino de la vida de un sujeto".

¿Qué habrá recordado, por ejemplo, Napoleón antes de morir en la isla de Santa Elena?, ¿cuáles habrán sido sus principales recuerdos de la infancia? Seguramente se veía a sí mismo en el liceo durante el recreo jugando a que hacía la guerra entre sus amiguitos y ganando muchas batallas mientras lanzaba bolas de nieve. Pero, ¿por qué esa obsesión por hacer la guerra y ganar tantas batallas?

¿Y Shirley Temple, cómo se veía, siempre cantando y bailando *tap*? ¡Qué diferente de la infancia de, por ejemplo, Rosario Castellanos! Cuando era muy niña, su único hermano murió siendo muy pequeño; durante el velorio, Rosario escuchó a su padre decir: "¿Por qué tuvo que ser el varoncito quien muriera y no la niña?". ¡Ay, cómo sufrió Rosario! Dicen que desde entonces ella pensó que no debería estar viva. Todas las noches, Rosario en su cama se ponía tiesa y contenía la respiración, como si estuviera muerta. Tal vez a ella nunca la abandonó la culpa de estar viva y por eso escribía esos poemas tan desoladores.

El carácter tan tormentoso de Fiodor Dostoievsky tiene que ver con que de niño vio cómo azotaban sin clemencia a un caballo frente a sus ojos. Se dice que en los cuentos de Chéjov aparecen muchos personajes con el carácter despótico de su padre y con la forma de ser resignada de su madre. Asimismo, uno de sus temas preferidos era la falta de dinero, ya que su padre tenía un apego enfermizo por el dinero que ganaba en la tienda familiar. Sin duda, Flaubert es un ejemplo más de un niño en el que su familia nunca creyó, pues pensaban que era idiota porque no se podía aprender de memoria el alfabeto. Por el contrario, sor Juana creyó en sí misma desde siempre y por eso se obligaba a avanzar en sus estudios y, si no lograba su meta, se cortaba un mechón de pelo como castigo.

Como es sabido, Mozart ya era un virtuoso del piano a los cinco años, pero por desgracia casi no tuvo amigos de su edad, ya que trabajaba como músico con su padre, Leopold, un hombre profundamente autoritario, quien en el único destino en el que creía era en el de su hijo.

Por último, permítanme decirles que Santiago Ramírez sí creía que se puede cambiar el destino, pues como él decía: "La labor terapéutica implica modificar el destino, cambiar el pasado por un destino menos traumático". Así que este libro *Infancia es destino* nos ayudará a conocer otras infancias y también, tal vez, a comprender un poco mejor la nuestra.

Blaise Pascal
(1623-1662)

El niño sabio

El 19 de junio de 1623 nació Blaise Pascal, segundo hijo de Étienne Pascal y Antoinette Bégon, en Clermont, al centro de Francia. Nadie se imaginaba que ese niño tan bello sería uno de los grandes genios de su época, que construyó sorprendentes calculadoras mecánicas y escribió tratados matemáticos desde los 16 años. Cuando nació, su hermana mayor, Gilberte, ya tenía tres años. Parecía que Blaise era un niño sano y alegre, pero al año comenzó a enfermarse. Primero cayó en una profunda languidez, miraba de una manera muy profunda, sin sonreír. Apenas se acercaba al agua, reaccionaba con violencia, y lo mismo cuando veía a sus padres acercarse el uno al otro. Las crisis eran tan fuertes que Étienne y Antoinette llegaron a pensar que Blaise estaba perdido.

En esa época, las ideas acerca de la infancia eran muy particulares, así como los remedios de los médicos. Leyendo *El filósofo de la luz*, de Richard Washington (Ediciones B, 2003), biografía de Descartes, contemporáneo de Pascal, nos enteramos de ello. Algunos doctores pensaban que la comida se pudría dentro de los niños, por lo tanto les recetaban purgas, supositorios o enemas. También había expertos que pensaban que la infancia era una enfermedad, porque los niños todavía no podían equilibrar los cuatro humores del cuerpo: sangre, bilis, atrabilis y flema. Seguramente, cuando Blaise fue llevado con el médico, éste dijo: "Su mal se debe a un exceso de atrabilis o bilis negra, la cual es fría y seca, por lo cual yo recomiendo dar a su hijo más alimentos para que produzca más sangre y pueda equilibrar sus humores". En otras ocasiones, los médicos recetaban que se les hiciera pasar hambre para aumentar su resistencia. Todos estos tratamientos tan científicos no hicieron ningún efecto en el pequeño Pascal.

No es de extrañar que la servidumbre y los vecinos comenzaran a decir que el mal de Blaise era producto de un sortilegio lanzado sobre el niño por una anciana llamada Perolle, quien iba a casa de los Pascal a pedir limosna. Al principio, Étienne se reía de estas historias. No obstante, Blaise cada día amanecía peor, hasta que su padre decidió ir a buscar a Perolle para interrogarla. Cuando Étienne llegó a casa de la anciana, se presentó como si supiera que sabía la verdad y comenzó a amenazarla con llevarla a la cárcel e incluso a la horca. Entonces, la vieja confesó que había lanzado un embrujo contra el niño y que sólo se curaría si se invocaba al diablo para traspasar el maleficio a otro ser. Al día siguiente, Perolle llegó con tres clases de hierbas y colocó un cataplasma sobre el vientre del niño. Blaise comenzó a ponerse peor, hasta que entró en un estado de catalepsia.

Cuando despertó, estaba curado. Sí, fue inexplicable. Tal vez muchos no creían que una bruja lo hubiera curado; no obstante, para Pascal fue un hecho muy importante en su vida y siempre lo creyó un suceso real. Siempre creyó en lo inexplicable; cuando la gente lo cuestionaba sobre su milagrosa curación, contestaba: "El hombre está dispuesto a negar todo aquello que no comprende".

Cuando Blaise cumplió 2 años, nació su hermana Jacqueline. Los conocedores de la vida de este filósofo dicen que era tanto el cariño entre estos dos hermanos, que quizá fue un amor que se dio "bajo el signo del incesto". Y ese cariño fue más grande a causa de que Antoinette, la madre, murió en 1626, cuando Blaise apenas tenía tres años.

Cuando Étienne, quien era el segundo presidente del Tribunal de Ayudantes de la ciudad, se dio cuenta de la inteligencia de su hijo, su vida comenzó a girar alrededor de su educación. Incluso, decidió dejar su trabajo para darle clases de latín y de griego. Por desgracia, a Blaise no le interesaba mucho el estudio de estas lenguas, y su padre lo encerraba para que avanzara en las lecciones. Un día que se encontraba encerrado, un poco aburrido, tomó una hoja y comenzó a dibujar un triángulo y a hacer operaciones con los ángulos. Cuando su padre regresó a ver qué tan avanzado iba su hijo en sus lecciones descubrió que él solo había deducido las primeras 32 proposiciones de Euclides. Fue entonces que su padre se dio cuenta del verdadero talento de su hijo. Desde ese momento, decidió dejar Clermont para dirigirse a París. Todos los días, padre e hijo se reunían a conversar. En una ocasión, Étienne le dijo: "No te voy a enseñar más latín, ahora te voy a explicar cómo todas las lenguas tienen la misma estructura, la cual se puede estudiar gracias a la gramática". El tema le interesó tanto que decidió hacer sus propios estudios. Más adelante, su padre le habló de la pólvora y Blaise se maravilló con los inventos tecnológicos.

El semanario francés *Le Point* dedicó la portada de su número 1925 (6 de agosto de 2009) a este "genio espantoso", como le llamara Chateaubriand. En su texto, Roger-Pol Droit hace una espléndida biografía de Pascal y expone con detalle sus aportaciones a la ciencia, las matemáticas y la filosofía. Droit se pregunta: "¿Todos los niños serían así?". Y nos responde: "Más o menos. Son pocos, a pesar de todo, los que pueden redactar un «tratado de los sonidos» a la edad de 11 años, o haber observado que las vibraciones cesan cuando se pone la mano sobre una caja de resonancia. Este chico hiperdotado no deja de buscar, de amontonar explicaciones. Su deseo de inteligencia es insaciable, hipertrofiado. Al punto a veces de inquietar a sus allegados. Hay un Mozart en casa de este niño con capacidades desmesuradas".

Como dice el semanario, Pascal es un tema de actualidad y cada vez más los franceses vuelven a él. Este pensador siempre quería investigar todo por cuenta propia, pero no nada más pensaba con la cabeza, sino con el corazón. Sobre todo, descubrió uno de los mayores secretos: "La sabiduría nos envía de nuevo a la infancia: haceos como niños".

Wolfgang Amadeus Mozart

(1756-1791)

En busca de amor

Dice el escritor Marcel Brion que ninguna otra época como el siglo XVIII ha vivido por y para la música. Que la Europa de ese tiempo admiraba a los genios musicales, a los intérpretes virtuosos y a los niños prodigio. Que así como encumbraba a los artistas excepcionales, podía olvidarlos casi de inmediato. Entre tantos prodigios a los que estaba acostumbrada la corte europea, nadie impresionó tanto como un niño de Salzburgo, de apenas 5 años: alegre, cariñoso, pero, sobre todo, de una capacidad artística admirable. Nos referimos a Wolfgang Amadeus Mozart, considerado el modelo del niño genio, del artista nato y, quizá, del mejor compositor de todos los tiempos.

Fue educado musicalmente por su padre, Leopold Mozart, y viajó por Europa para tocar en las cortes de reyes, príncipes, archiduques, condes y marqueses.

No obstante, con toda la fama de refinada de la sociedad europea de ese siglo, los músicos eran vistos casi como una curiosidad y, en muchos casos, sólo como sirvientes. Cuando Mozart tenía 15 años, el archiduque Ferdinand II quería escucharlo tocar. Uno de sus ayudantes le escribió al archiduque: "Me solicita que ponga a su servicio al joven salzburgués no sé a título de qué por no creer que tenga necesidad de un compositor o de gente inútil, si ello sin embargo le reporta placer no deseo impedírselo, lo que digo es que para que no os encarguéis de gente inútil y carente de títulos, ese tipo de gente del que dispone su servicio envilece el servicio cuando esta gente recorre el mundo como pordioseros".

Tampoco hay que olvidar que muchos de estos nobles tenían un gusto bastante dudoso, lo que los hacía sólo apreciar los pasajes cómicos de las óperas. Como escribiera el padre de Mozart: "Cualquier gentilhombre, con todo su ornato, aplaudirá e incluso reirá hasta perder el aliento escuchando estas chocarrerías, mientras que en las escenas más serias y en los fragmentos más emotivos seguirá hablando en alta voz con su vecina hasta impedir escuchar a todos los que están a su alrededor".

El padre de Mozart, Leopold, era un hombre lleno de complicaciones, ambicioso y obsesivo por el trabajo. Y la madre del compositor, Anna Maria, era de un carácter alegre y despreocupado. Eran la pareja mejor parecida de Salzburgo. No obstante, Mozart no sacó casi nada de la belleza física de sus padres. Por el contrario, era menudo, magro, pálido y carente de toda pretensión en cuanto a fisonomía y constitución. Se decía que "aparte de la música, era y siguió siendo casi siempre un niño y esto es un rasgo principal de su carácter por el lado sombrío; siempre hubiera necesitado de un padre, una madre u otra persona que le vigilase".

Los Mozart tuvieron dos hijos: Wolfgang Amadeus y Anna Maria, educados para tocar el piano desde niños. Anna Maria, a quien le decían de cariño Nannerl, era cinco años mayor que su hermano. Dicen que éste, cuando veía cómo su padre le daba clases a ella, quería tocar el piano. Era tanta la pasión que le despertó la música y tanta la emoción de sentarse frente al piano a sus apenas tres años, que de pronto dejó de interesarse en los demás aspectos de la vida. Mucho tiempo después, cuando el compositor ya había muerto, la gente le preguntaba a Nannerl si su hermano había sido obligado a dedicarse a la música. "No –respondía–, jamás se le forzó a interpretar o componer; muy al contrario, había que refrenarle, de otro modo hubiera continuado día y noche al piano o componiendo." Era tanta su pasión por la música que podía pasar cualquier desgracia a su lado sin que le importara. Cuando tenía nueve años, Nannerl enfermó de tifoidea y estuvo mucho tiempo entre la vida y la muerte. Mientras tanto, su hermano se encontraba dedicado a la música en la habitación de junto.

Nos preguntamos si esa pasión de Amadeus por la música no sería una forma de ganarse el cariño de la gente, pues era un niño que necesitaba que lo quisieran. En una ocasión, su padre le escribió: "Cuando eras niño, eras demasiado modesto y te echabas a llorar cuando te hacían demasiados cumplidos". Uno de los amigos más cercanos de la familia Mozart, el músico Johann Andreas Schachtner, escribió: "Como yo me ocupaba mucho de él, me amaba enormemente, hasta el punto de que me preguntaba en ocasiones si yo lo amaba, y si, de broma, le respondía que no, le saltaban inmediatamente las lágrimas; tan tierno y dulce era su corazón".

Desde los tres años, Amadeus se sentaba frente al piano a tocar acordes. Entonces, su padre comenzó a jugar con él en el piano y así le enseñó varias melodías. Le costaba tan poco trabajo aprenderse esas piezas, que en una hora era capaz de tocarlas de memoria sin ningún error. Pero, sobre todo, era tanta su capacidad que apenas un año después mostró a Leopold sus primeras composiciones. El padre se puso tan contento que comenzó a escribir las melodías que iba componiendo su hijo.

Tal vez, desde entonces, su padre pensó en llevarlo de viaje por todo el continente. Dice uno de los principales estudiosos de la obra de Mozart, Joseph Heinz Eibl, que el compositor vivió 35 años, 10 meses y nueve días, de los cuales pasó viajando 10 años, dos meses y ocho días, es decir, más de la cuarta parte de su vida. Los dos hermanos prodigio, acompañados por el violín de su padre, viajaron por muchas ciudades de Alemania, Austria, Bélgica, Inglaterra, Suiza y Francia. Eran tan agotadoras sus presentaciones que a veces duraban hasta seis horas y, por si fuera poco, llegaban al hotel a estudiar por la noche y salir de viaje a la mañana siguiente.

Naturalmente, el genio de Mozart fue descubierto de inmediato por la nobleza. En una ocasión, el emperador Francisco le dijo: "Mira, el arte verdadero no está en tocar el piano con todos los dedos. El secreto está en que lo toques con uno solo". Para sorpresa de todos, el pequeño compositor comenzó a tocar el piano con un dedo, pero de una manera tan extraordinaria que todos se quedaron asombrados.

No nada más era un gran pianista desde niño. Amadeus era un niño feliz, simpático y lleno de gracia. Cantaba, bailaba, tocaba el violín y el clavecín. Sin duda, hacía todo esto para lograr el cariño de la gente. Mozart nunca dejó de ser ese niño que miraba atentamente a las personas, cuando esperaba con ansiedad a que le respondieran la pregunta que más lo obsesionaba: "¿Me quieres?".

Charles Darwin
(1809-1882)

El origen

Nadie pensaría que detrás de ese rostro duro, calvo, de densas cejas, de mirada severa y cubierto por una gran barba, se encontraba un hombre generoso, amable, pero sobre todo amorosísimo con su esposa y sus hijos. Asimismo, el rostro de Charles Darwin parecía ocultar que había sido un niño feliz y rodeado del afecto de su padre y sus hermanos. Existe un retrato que muestra a Charles cuando apenas tenía siete años, al lado de su hermana Catherine, con una mirada muy dulce y tomando entre sus manos una pequeña maceta con plantas. Desde entonces, este niño tan curioso tenía la afición por conocer la naturaleza. Por eso, en una ocasión le dijo a su padre, el doctor Robert Darwin: "Para mí trepar y coleccionar es tan natural como respirar". ¿Sabría entonces el pequeño

Charles que iba a ser el científico más famoso de su siglo, que iba a despertar las polémicas más apasionadas en todo el mundo y que su obra iba a revolucionar la forma de concebir la vida de nuestro planeta? No, lo más seguro es que no se imaginaba para nada en este futuro. A pesar de que provenía de una familia de científicos, durante mucho tiempo pensó en convertirse en pastor de la iglesia anglicana.

No obstante, desde pequeño tenía curiosidad por la naturaleza, tal vez lo veía como una simple diversión. Desde muy niño se sabía los nombres de todas las plantas de su condado, sabía cómo eran las aves y los insectos. Tenía una curiosidad enorme por toda la naturaleza, al grado que muchas veces coleccionaba sapos para estudiarlos. Hay que decir que Darwin siempre tuvo simpatía por los animales y que los respetaba. Por ejemplo, cuando quería estudiar los huevos de las aves, robaba de los nidos sólo uno. En cierta ocasión, vio un escarabajo desconocido y lo tomó con la mano. Iba muy contento con su presa cuando vio otra especie rarísima de escarabajo y lo tomó con la otra mano. Y ya se dirigía a su casa cuando vio ¡un tercer escarabajo de una especie completamente desconocida! Entonces, para que no se le escapara, decidió atraparlo con la boca. Desafortunadamente, este escarabajo expulsó un fluido que le quemó la lengua. Esa noche, el profesor John Henslow, quien era amigo de la familia, le dijo: "Mira, Charles, hay que tener moderación. Debes tenerla para coleccionar tanto dinero como escarabajos".

Muchos años después, cuando ya era el más renombrado de los científicos ingleses, un editor le pidió que realizara un texto autobiográfico. En él describió los inicios de su afición por el naturalismo: "Por la época en que iba a esta escuela diurna, mi afición por la historia natural, y más especialmente por las colecciones, estaba bastante desarrollada. Trataba de descifrar los nombres de las plantas, y reunía todo tipo de cosas, conchas, sellos, monedas y minerales. La pasión por coleccionar que lleva a un hombre a ser naturalista sistemático, un virtuoso o un avaro, era muy fuerte en mí, y claramente innata, puesto que ninguno de mis hermanos tuvo jamás esta afición".

La familia Darwin era muy unida, tal vez a causa de que la madre, Susannah Darwin, había muerto en 1817. Nadie supo la causa de su muerte, nadie se atrevió a preguntar por la enfermedad que la había matado tan joven, y nadie se atrevió a mencionarla desde entonces en la familia.

Ni el padre, Robert Darwin, ni ninguno de sus seis hijos volvieron a hablar de ella. Charles sólo tenía dos recuerdos de su madre. El primero era un comentario que a veces ella le hacía: "Cuando te pido que hagas algo, te lo pido por tu propio bien". El otro recuerdo era su lecho de muerte. Sólo recordaba que cuando tenía ocho años, lo mandaron llamar a su recámara. Ahí estaba su padre, llorando. A Charles nunca le explicaron qué había ocurrido. Ese vacío que dejó su madre siempre lo perturbó. Nosotros nos preguntamos si Charles Darwin no suplió esa ignorancia acerca de su madre tratando de explicar a "la madre naturaleza".

El abuelo, Erasmus Darwin, había sido un conocido científico, pero sumamente duro al educar a su hijo. Por esa razón, su hijo Robert decidió ser un padre cariñoso, para no repetir la educación que recibió. En lo que sí se parecían padre e hijo era en el tamaño. Ambos eran altísimos y enormes: medían más de 1.80 metros y pesaban alrededor de 150 kilos. Como dice Irving Stone en su libro *El origen. Vida de Charles Darwin* (Emecé, 2002), el abuelo Erasmus era famoso no sólo por sus estudios naturales sino por su inmenso abdomen. A causa de su tamaño, el doctor Robert Darwin construyó una casa a su medida luego de casarse con Susannah. Por lo tanto, esta casa era enorme, con unos techos altísimos y con pasillos muy anchos. Desde que fue construida, en 1800, todos comenzaron a llamarla "El monte". Ahí, precisamente, nació Charles, en esa mansión que era como un castillo antiguo, alzado en medio del bosque cercano al río Severn.

El verdadero confidente y compañero de su infancia fue su hermano Erasmus, quien era cinco años mayor. Gracias a él descubrió su afición por la ciencia. Erasmus construyó un pequeño laboratorio dentro de una bodega para herramientas. En una ocasión, los dos hermanos mezclaron una parte de mercurio con dos de ácido sulfúrico.

Lo que no se imaginaban era que esa combinación no sólo era muy maloliente, sino que además se extendió fácilmente por todo el vecindario. Entonces, el doctor Darwin se acercó al laboratorio y les preguntó: "¿No sería posible que practicaran química de alguna manera menos apestosa, muchachos?". Desde entonces, todos en Shrewsbury (como se llamaba el condado donde vivía) comenzaron a llamar *Gas* a este joven tan aficionado a los experimentos.

Finalmente, permítanme transcribir un recuerdo de infancia que marcó a Darwin, un recuerdo pequeño y al mismo tiempo decisivo, pues tal vez este recuerdo lo hizo dirigirse a su verdadero destino, el del científico amante de toda la naturaleza: "Una vez, cuando chico, en la época de la escuela diurna, o antes, actué cruelmente: golpeé a un perrillo, creo que simplemente por disfrutar de la sensación de fuerza; sin embargo, el golpe no pudo ser doloroso, pues el perrito no ladró, de ello estoy seguro, ya que el lugar estaba cerca de casa. Este acto pesa gravemente sobre mi conciencia, como lo demuestra mi recuerdo del sitio exacto donde el crimen fue cometido. Probablemente, me pesara más por mi amor a los perros, que era entonces, y fue durante mucho tiempo más, una pasión. Los perros parecían saber esto, pues yo era un experto en robar a sus amos el afecto que ellos les tenían".

Federico Chopin
(1810-1849)

Genio afortunado

Sobre este hombre se ha escrito muchísimo; cuántas cosas no se han dicho acerca del gran compositor Federico Chopin, de su relación sentimental con la famosa escritora George Sand, de la tristeza que hay en gran parte de sus composiciones, de los sonidos tan melancólicos que logró arrancar al piano y de su terrible muerte a causa de la tuberculosis, cuando apenas tenía 39 años, el 17 de octubre de 1849. No obstante los temas con que se acostumbra referirse a su vida, Chopin tenía un lema: "La gente que no ríe nunca, no es gente seria". Curiosa frase para un hombre que fue frágil desde su nacimiento. Pero a pesar de todo, Chopin desde niño fue una persona alegre a la que le gustaba hacer bromas pesadas y comentarios mordaces. Por alguna misteriosa razón, pues era ególatra y desapegado hasta cierto punto, era capaz de atraer la admiración, la amistad y, sobre todo, el amor apasionado de la gente.

Chopin amaba a su natal Polonia, un país que fue repartido entre varias potencias europeas a finales del siglo XVIII y que conquistó su independencia en 1918. Es decir que, durante la vida de Chopin, Polonia era una región sometida al poder ruso, por lo que su música nacionalista era vista como una postura de rebeldía política. Por alguna razón, Polonia fue un imán para un joven francés llamado Nicolás Chopin. Cuando tenía 17 años, decidió dejar Francia para vivir en Polonia. Dice el crítico Jesús Bal y Gay en su bellísimo libro *Chopin* (FCE, 1959) que había algo de esnobismo en la decisión de Nicolás de abandonar Francia; tal vez Polonia era un país fantástico, lejano y seductor. Nicolás aprendió polaco y olvidó el francés, se alistó en el ejército de Polonia para pelear contra los rusos, y llegó a referirse a Francia como "un país extranjero". Nicolás era un joven ambicioso y cuando llegó a Varsovia supo relacionarse con las casas de los nobles, en donde trabajó por años como preceptor de varios jóvenes. En 1802, conoció a Justina Krzyzanowska y se enamoró perdidamente. Justina no era precisamente bella, pero tenía un porte muy distinguido, nariz aguileña y unos hermosos y enormes ojos azules. Nicolás no se le declaró de inmediato, sino que fue conquistándola poco a poco, a lo largo de cuatro años, hasta que le propuso matrimonio en junio de 1806.

Nicolás y Justina tuvieron tres hijas, Ludwika, Izabella y Emilia, y un hijo, Federico, quien nació el 1 de marzo de 1810. Él era un niño con una mirada muy especial, podría decirse que era profunda y triste. Tal vez se debía a la poca salud con la que había venido al mundo. Cuando cumplió seis meses, su padre fue invitado a dar clases en el liceo de Varsovia, lo cual le daba estabilidad económica.

De los cuatro hermanos, sólo Izabella fue una niña sana, los otros siempre estaban enfermos de catarro o con una eterna tos. Pero hay que decir que los cuatro hermanos tuvieron una formación privilegiada, ya que Nicolás era un hombre muy culto. Con frecuencia, en la casa de los Chopin había tertulias literarias y musicales en las que, además, se hablaba de política. En una de esas reuniones, el pequeño Federico escuchó por primera vez el sonido del piano; apenas oyó los primeros acordes, comenzó a llorar con tal desesperación que tuvieron que cerrar el piano por esa noche.

Pero, como dice Bal y Gay, no todo fue echarse a llorar cada vez que sonaba el piano. Su hermana Ludwika lo sentó por primera vez ante el teclado y, más adelante, Nicolás se dio cuenta de que su hijo tenía un oído privilegiado, así que pidió a un amigo, el violinista Adalberto Zywny, que le diera clases de música. Este profesor hizo que en su jovencísimo alumno naciera la admiración por Bach y Mozart, a quienes quiso toda la vida. Pero a Chopin no sólo le gustaba la música de concierto, desde niño le pagaba a los campesinos para que le tocaran las mazurcas tradicionales de los pueblos de Polonia, así que puede decirse que de ahí proviene la música que más tarde haría inmortal con sus bellísimas polonesas.

No cabe duda de que Federico Chopin fue un niño con suerte; tuvo unos padres que no terminaron con su vocación, sino que lo impulsaron en su deseo de ser compositor. Vivió su infancia en Varsovia, una ciudad bellísima, en esos años por completo paradisiaca. Y, sobre todo, fue un niño educado como un noble, a pesar de que sus padres no eran precisamente adinerados. Tras su primer concierto, Justina le preguntó: "¿Cómo te fue en tu presentación?, ¿qué fue lo que más le gustó de ti al público?". "Mi cuello", respondió Federico con toda ingenuidad, refiriéndose al elegante cuello blanco que usaba para esa ocasión tan especial.

A causa de las maneras tan finas en las que lo había educado su madre, se decía que en su posterior exilio parisino, Chopin era semejante a un príncipe exiliado.

Este gran compositor fue siempre tan correcto y cortés que quiso despedirse de mano de todos los que fueron a verlo a su departamento parisino cuando se supo que estaba a punto de morir. Así que de él no sólo puede decirse que "infancia es destino", sino que ¡genio y figura, hasta la sepultura!

CHARLES DICKENS
(1812-1870)

EL SUEÑO FELIZ

EL NOVELISTA INGLÉS CHARLES DICKENS decía que hay horas alegres que hacen de nuestra infancia "un sueño feliz a lo largo de nuestra vida". Sin duda, muchas de esas horas de alegría tienen que ver con la lectura de sus novelas llenas de talento, sensibilidad y empatía con los desprotegidos. Sus obras eran tan populares y llegaban al corazón de los lectores a tal grado que sus biógrafos piensan que el cariño que ahora sentimos por la infancia tiene mucho que ver con sus novelas. Hay que recordar que Londres era, a principios del siglo XIX, una ciudad de 900 mil habitantes, y 100 años más tarde esta cifra había crecido a cinco millones. La capital de Inglaterra se convertía en un lugar adverso para sus habitantes, numerosos y cada vez más desprotegidos. Para Dickens, el personaje más desprotegido era el niño. Cuánto los había visto sufrir a lo largo de su vida, en medio de la miseria, de trabajos terribles y una total incomprensión. Uno de los pasajes más conmovedores de toda su literatura es la que se refiere al pequeño Tim, destinado a morir si no es por la repentina conversión del amargado Ebenezer Scrooge, que la noche de Navidad es visitado por tres fantasmas que le recuerdan su pasado, le hacen ver su presente y le muestran un futuro probable.

Cuando los ingleses leyeron *Canción de Navidad*, en 1843, se conmovieron a tal grado que comenzaron a ver a los niños de otra manera. Dejaron de ver a sus niños como un pequeño adulto, los comenzaron a tratar con más humanidad. Hay que decir que Dickens vio a lo largo de su vida un cambio total en la manera en que los ingleses educaban a sus hijos. Cuando nació, Inglaterra era más inhumana en todo lo que se refiere a la educación. Medio siglo más tarde, las autoridades inglesas se preocupaban cada vez más por los niños. Dickens y sus libros tienen mucho que ver con ese cambio.

Recordemos un episodio que narra la escritora Christiane Zschirnt en su libro *Libros. Todo lo que hay que leer* (Taurus, 2004). Cuando se publicaba por entregas *La tienda de antigüedades*, de Dickens, todos los lectores querían saber qué ocurría con la pequeña Nell. Cada mes llegaba a Nueva York un barco con los ejemplares de la revista que publicaba a Dickens. Cuando apareció el último capítulo de la novela, una multitud esperaba al barco, arremolinada en el puerto. Todos estaban ansiosos y gritaban a los marinos que llegaban desde Inglaterra: "¿Qué ocurrió con Nell? ¿Está muerta?". Cuando los lectores abrieron las cajas con la revista y leyeron el último capítulo de la novela, descubrieron que Nell, en efecto, estaba muerta. Dicen que las personas se consolaban unas a otras, y que muchas otras lloraban desconsoladas.

Este autor se volvió tan célebre que puede decirse que fue el primer novelista inglés que viajó por su país para hacer lecturas dramatizadas de sus obras. Se cuenta que era tan aficionado al teatro que cada una de sus lecturas era todo un espectáculo: la gente reía, lloraba y aplaudía. Seguramente cuando los lectores más desprotegidos leían estas novelas sentían una empatía enorme porque pensaban que se trataba de un hombre que los comprendía. Pensaban tal vez que Dickens era un hombre que había sufrido mucho. Y no se equivocaban. Su padre, John Dickens, era tan derrochador y aficionado a la bebida y a los lujos que el dinero se le iba como agua. John trabajaba en una pagaduría de la marina y era hijo, a su vez, del lacayo de un noble.

Su primer recuerdo era de cuando su familia dejó el pueblo de Portsea; Charles tenía apenas dos años. Recordaba las risas de sus padres cuando tomaron el carruaje que los llevó a Londres, pero sobre todo recordaba que era una mañana fría y luminosa de invierno. Eran los días en que los ingleses aún no festejaban la Navidad. Todavía habrían de pasar varios años antes de que ese niño publicara su novela que volvería a los ingleses unos aficionados a estas fiestas.

Su padre era un hombre lleno de alegría; le gustaba cantar y contar cuentos. Charles aprendió de su padre esa maravillosa manera de contar historias que lo tenía por horas en su sillón frente a la chimenea. Su madre, Elizabeth, se preocupó de enseñarle a leer y a escribir a este niño enfermizo y melancólico. En su novela *David Copperfield*, narra la forma en que se acercó a los libros: "Mi padre había dejado una pequeña colección de libros en un cuartito de arriba al que yo tenía acceso. [...] Desde aquel bendito cuarto salieron Roderick Random, Peregrine Pickle, Humphrey Clinker, Tom Jones, el vicario de Wickfield, Don Quijote, Gil Blas y Robinson Crusoe, una gloriosa hueste que me hizo compañía".

De pronto, esta familia que pudo haber vivido prósperamente se quedó sin padre, sin casa y sin dinero: cuando Charles cumplió 11 años, John fue a dar a prisión por sus deudas. La madre y cuatro de sus seis hijos se fueron a vivir a la cárcel con John, excepto Charles y su hermana Fanny; mientras ella estudiaba música, el futuro novelista se fue a trabajar a una fábrica de betún. Ahí vio morir a varios niños y supo que Londres no era nada más su familia que lo amaba, sino también todas estas historias crueles y sórdidas. Durante seis meses, este niño tan sensible convivió con la miseria, hasta que un milagro digno de sus novelas ocurrió: John recibió una herencia y pudo salir libre. Esa infancia feliz y tortuosa a la vez hizo que Dickens fuera el novelista más sensible hacia la infancia y la miseria que ha tenido Inglaterra.

Gustave Flaubert
(1821-1880)

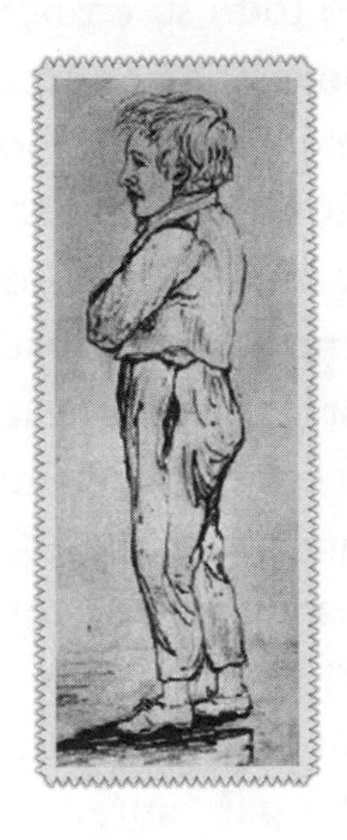

¿El idiota de la familia?

Ahora evocaremos la infancia de uno de los mejores escritores de Francia, el autor de *Madame Bovary*, una de las grandes novelas del siglo xix. Me refiero a Gustave Flaubert. Desde que era muy niño, Gustave se rebeló contra todo lo que le pareciera burgués. "Llamo burgués a todo el que piensa de manera baja", le gustaba decir a sus amigos, en medio de sonrisas maliciosas. Toda su vida fue una continua rebelión. Su familia esperaba que creciera y fuera un médico respetable, como su padre, el doctor Achilles-Cléophas. En el pueblo de Rouen en el que vivía la familia, el doctor Flaubert era tan respetado y tenía tanta autoridad que nadie se atrevía a mentirle y mucho menos a contradecirlo.

Desafortunadamente, a Gustave no le interesaba seguir los pasos de su padre, aun cuando nació, creció y pasó la mayor parte de su vida en el Hôtel-Dieu, un hospital al cual el doctor Flaubert dedicó todo su empeño. Achilles-Cléophas sintió mucha desilusión cuando se enteró de que su hijo quería ser novelista y no médico. "¡Mi hijo eligió la profesión de los perezosos y los inútiles!", se quejaba, "lo más lamentable es que tal vez no llegue muy lejos, porque desde niño ha sido algo imbécil. Siempre me ha preocupado verlo caminar completamente distraído por los pasillos de la casa. Hay veces en que está tan concentrado en la lectura que no se mueve en absoluto. Un día en que se encontraba en sus acostumbradas distracciones se cayó sobre una vitrina y se cortó la nariz. ¡Pobre hijo mío, tal vez sea idiota!". Hacía tiempo que ya le había puesto esta etiqueta, de "el idiota". Siendo Gustave muy niño, tuvo muchísimas dificultades para aprenderse el abecedario, por más que su madre se lo hacía memorizar con mucha paciencia, no alcanzaba a repetirlo. Pasaban horas sin que lograra decirlo correctamente.

Por suerte para el doctor Flaubert, Gustave no era su único hijo. También estaba el primogénito, Achille, y la pequeña Caroline. A diferencia de Gustave, Achille era muy inteligente; el típico niño estudioso. "Éste niño es el verdadero Flaubert", decía orgulloso su padre. Mientras Achille estudiaba y se convertía en el orgullo de su padre, Gustave y Caroline recorrían los pasillos del Hôtel-Dieu para ver las autopsias de la sala de disecciones o visitar el pabellón de las locas para verlas aullar o arañarse.

Dice el biógrafo Geoffrey Wall en su libro *Flaubert* (Paidós, 2003) que al doctor Achilles-Cléophas le gustaba leer a los grandes médicos del siglo XVIII. Uno de sus libros favoritos era el de François Bichat, *Búsquedas psicológicas sobre la vida y la muerte* (1800). En el prólogo, este médico recomendaba: "Durante 20 años, usted ha tomado notas al lado de la cama de los pacientes, y sólo halla confusión en los síntomas, que se resisten a revelar su significado. Abra unos cuantos cadáveres: se disipará de una vez la oscuridad que la observación aislada no lograba dilucidar". Cuando Gustave estaba redactando *Madame Bovary* leyó el libro favorito de su padre y no pudo evitar una sonrisa irónica. Por eso, al final de su novela, cuando muere Charles Bovary, un médico hace la investigación: "Abrió el cadáver y no encontró nada". Sí, en el novelista había cierta venganza contra su padre. La paternidad es un tema poco tratado por Flaubert, pues los padres en sus novelas siempre mueren jóvenes; no hay que olvidar que el novelista quedó huérfano a los 25 años, y desde entonces vivió acompañado de su madre, una mujer callada y ausente.

Lo que más le gustaba hacer a Gustave era estar todas las tardes con Julie, su niñera. Cuántos paseos hicieron juntos por las calles de Rouen, cuántos dulces recibía de ella, pero, sobre todo, cuántas historias escuchó de los labios de Julie. Era tanta la fascinación que ejerció sobre Gustave, que puede decirse que gracias a ella fue que se aficionó a contar historias. "¿Sabes que en realidad no me llamo Julie?", le decía la niñera. "¿Cómo te llamas entonces?", preguntaba Gustave intrigado. "No sé, perdí mi nombre en algún sitio y no recuerdo dónde", le respondía muerta de la risa. Tal vez en esas tardes fue cuando Julie le contó de la existencia de las hadas y de los duendes. Le contó cómo es que había un gigante llamado Pantagruel que era tan grande que cuando orinó sobre París inundó la ciudad. "¿Sabes que hay niños que cuando nacen se los llevan las hadas y dejan en su sitio otro niño exactamente igual, pero completamente hipnotizado que ya no vuelve a hablar nunca?".

Tal vez Gustave pensaba que él era uno de esos niños hipnotizados por las hadas. Dicen que acostumbraba concentrarse a tal grado que comenzaba a creer en sus propias historias. A veces se imaginaba personas y hasta creía que se encontraban a su lado. O también pasaba tardes enteras contándose historias, completamente inmóvil. Lo que nadie sabía era que Gustave se imaginaba viviendo sus propias historias. Una vez, cuando tenía cinco años, se enamoró de una niña y se le ocurrió que quería enviarle su corazón en una cajita. "Me acuerdo que podía ver claramente mi corazón sobre una cama de paja, guardado en una cesta", escribió años después. Tal vez por ese entonces comenzó a redactar sus primeros cuentos. Dicen que cuando aprendió a escribir, se acercaba a Julie y le preguntaba las letras que se necesitaban para escribir las frases que se le ocurrían.

Un día, descubrió a un vecino fascinante, tío Mognot, un anciano bondadoso que comenzó a leerle libros enteros. El que más le gustaba a Gustave era *El ingenioso hidalgo Don Quijote de la Mancha* en imágenes, un libro para niños que se convirtió en su favorito. Desde entonces decidió que iba a escribir como Cervantes. Qué parecida es en el fondo Emma Bovary a don Quijote, los dos se han pasado la vida leyendo novelas y soñando con hacer que la vida se parezca a las historias de las novelas. Tal vez, en el fondo, la vida de Flaubert era parecida a la del Quijote y a la de Emma, pues con toda razón dijo: "¡Madame Bovary soy yo!". Tal vez se dio cuenta de que no podía abandonar el Hôtel-Dieu y a su madre. Pero sobre todo se dio cuenta de que la vida no era como en sus novelas. A pesar de que fue un escritor reconocido y muy célebre en vida, a veces se sentía desesperanzado y sólo se animaba cuando se daba cuenta de que de todas las voces que había escuchado en su infancia, la única verdadera era el llamado de su vocación de escritor. Como él mismo escribió en una carta: "Cuando trabajamos sobre nuestras ideas no tenemos nada para sostenernos, ninguna esperanza de dinero, ninguna esperanza de celebridad... Lo que me sostiene es que cumplo un deber. ¿Acaso he escogido?".

Para entender la vida de Flaubert, recomiendo la biografía *El idiota de la familia*, de Jean Paul Sartre. Veinte veces leyó el filósofo *Madame Bovary*, durante 10 años investigó la vida de Flaubert y de esto salieron tres tomos. Los dos primeros tratan de la génesis de Flaubert desde su más tierna infancia. El tercer tomo describe de qué manera influye en Flaubert la sociedad de 1870 y qué tipo de neurosis tenía en esa época. ¿Por qué su padre le decía "idiota"? ¿Por qué se dejaba tratar de "idiota"? ¿Por qué Flaubert enferma de epilepsia siendo aún muy un niño? ¿Cómo eran sus relaciones familiares? A estas preguntas responde esta biografía.

Julio Verne
(1828-1905)

Navegante de la imaginación

"¿Recuerdos de infancia y juventud? ¡Sí! Justamente, corresponde pedirlos a hombres de mi edad. Estos recuerdos son más vivos que los hechos de los que fuimos testigos o autores a partir de la madurez. Pasado el promedio habitual de vida, es grato este retorno a los primeros años. Las imágenes evocadas no se alteran: son fotografías indelebles que el tiempo hace más nítidas. Así se justifica aquella frase tan profunda de un escritor inglés: «La memoria tiene presbicia. Se alarga al envejecer como un tubo de catalejo, y puede distinguir los más lejanos rasgos del pasado»".

Estas palabras pertenecen a uno de los escritores más populares de la literatura francesa, y quizás uno de los más imaginativos; un autor que nunca dejó de ser un niño soñador y que concibió los viajes más insólitos. Escribió acerca del centro de la tierra, del fondo del mar y de la Luna. Se trata del autor francés más traducido en todo el mundo, con 4 mil 162 traducciones, y posiblemente el más leído. Entre sus admiradores se encuentran muchos de los escritores más importantes de Europa, como Tolstói, François Mauriac, Antoine de Saint-Exupéry, Rudyard Kipling y Paul Claudel, entre muchos otros. Durante mi infancia, recuerdo que no había comida en mi casa en la que no se evocara su nombre. Adolescente, mi hermano Enrique leyó prácticamente toda su obra; se sabía de memoria todos los nombres de sus personajes y largos fragmentos de sus novelas.

Intuyo que no necesito decirles de quién se trata. Claro, me refiero al inventor del Nautilus y del capitán Nemo, al iniciador de las novelas de viajes y al escritor que llegó con su imaginación a la Luna y al Polo Norte antes que los exploradores. Se trata, naturalmente, de Julio Verne. Era tan buen conocedor de la ciencia que, en una ocasión, un físico que leyó una de sus novelas quiso comprobar un procedimiento utilizado por uno de los personajes para hacer funcionar un motor. Con sorpresa vio cómo el motor comenzó a moverse con ese procedimiento nunca utilizado por los científicos. Nada le gustaba más a este novelista que estar al tanto de los descubrimientos y las teorías científicas de su tiempo.

Durante su vida, la ciencia avanzó como nunca antes lo había hecho. Mientras Verne vivió, se inventó el telégrafo, la máquina de coser, el teléfono, la radio y el cine; se cavó el primer pozo petrolero de la historia en Pensilvania, se construyó el Canal de Suez, se inventó el foco y el tranvía eléctrico, así como el motor de gasolina y los rayos X, se descubrió la vacuna contra la rabia y se inventó el ultramicroscopio. Asimismo, se descubrió Neptuno y se publicó *El origen de las especies*, de Darwin, se puso en práctica la pasteurización, se conocieron las leyes de la herencia y, finalmente, el año de la muerte de Verne, Albert Einstein enunció la Teoría de la Relatividad.

Dice Miguel Salabert, en su magnífica biografía *Verne* (Alianza Editorial, 2005), que Pierre Verne, el padre del escritor, era un abogado severo e inaccesible. Desde que su hijo Julio era muy niño, ya había elegido un destino para él: heredar su bufete jurídico. Pero ese padre autoritario no sabía que su hijo no quería ese futuro. A Julio le interesaba jugar a ser pirata o explorador, pero sobre todo le gustaba visitar a su prima Caroline, de quien estaba profundamente enamorado. No obstante, a ella le era indiferente, por más que él le llevara flores, dulces y todo tipo de regalos.

Por el pequeño poblado de Nantes, en donde vivía la familia Verne, atravesaba el río Loira, que se dirigía al Atlántico; Julio se sentaba frente a sus aguas para imaginar qué había del otro lado del mar. He aquí cómo describía el propio Verne el puerto de su infancia: "Viví en medio del movimiento marítimo de una gran ciudad comercial, punto de partida y de llegada de muchos viajes de larga distancia... Algunos barcos están en el muelle formando dos o tres filas. Otros suben o bajan el curso del río. ¡Cuántos recuerdos me provocan! ¡Con la imaginación, me subía a sus obenques, me trepaba a sus cofas, me agarraba de la perilla de sus mástiles! ¡Qué ganas tenía de atravesar la plancha vacilante que los unía al muelle y subir a cubierta! ¡Pero con mi timidez de niño no me atrevía! ¿Tímido? Sí, era tímido, y, sin embargo, ya había visto hacer una revolución, derribar un régimen y fundar una nueva realeza, aunque sólo tenía entonces 2 años, y todavía oigo los tiros de fusil de 1830 en las calles de la ciudad donde la población luchó contra las tropas reales como en París".

Durante las vacaciones, cuando Julio y su hermano Paul visitaban la casa de campo familiar, nada les gustaba más que descender al sótano, donde encontraban maravillosos tesoros: papeles viejos, objetos extraños, uniformes derruidos, anteojos rotos y muchos catalejos. Era la época en que tomaba clases de esgrima, de piano y leía libros como *El último de los mohicanos* y *Robinson Crusoe*.

Una madrugada de 1839, cuando tenía 11 años, Julio decidió salir de su casa, en absoluto secreto. A la hora del almuerzo, toda la familia se encontraba alarmada. "¿No ha visto a mi hijo Julio? No ha aparecido en toda la mañana", decía la madre a los vecinos. Después de mucho preguntar, su padre encontró a un marino que había visto a su hijo: se había ido a Paimboeuf, un puerto cercano, para embarcarse en el *Coralie*, barco a punto de zarpar a la India.

¡Pierre Verne no podía creerlo! Estaba tan furioso que en ese momento tomó un pequeño barco de vapor y se dirigió a Paimboeuf a buscar a su hijo y regresarlo a casa. Dice Salabert que el padre tomó un látigo y lo golpeó ante su madre y sus hermanos, antes de ponerlo a pan y agua como castigo. Pero Julio soportó esta humillación y, frente a su madre y su furioso padre, les prometió no volver a escaparse. Con los ojos llenos de lágrimas, Julio dijo: "¡Les prometo que nunca más voy a viajar si no es con la imaginación!".

Según la sobrina del novelista, Marguerite Allotte de la Fuye, quien escribió una larga biografía sobre Verne, este episodio fue central en la personalidad del novelista, ya que se dio cuenta de la distancia insalvable que había entre él y su padre. A diferencia de Kafka, quien escribió una *Carta al padre*, Verne nunca exteriorizó sus sentimientos, por lo que hay que ver la relación con su padre entre los pasajes más simbólicos de sus novelas. Tal vez, la figura del padre está representada por la naturaleza inhóspita a conquistar.

Curiosamente, Verne fue un hombre hermético. Era hosco, evasivo y se ponía nervioso si le preguntaban sobre su vida personal. Tal vez por esta causa decidió quemar miles de cartas; hasta hoy, sus descendientes se han resistido a publicar las cartas que sobrevivieron. Verne decía: "Soy el más desconocido de los hombres". Estaba convencido de que un escritor sólo interesa por su literatura, no por su vida personal. No obstante, era una celebridad y casi todo lo que hacía era comentado por los franceses.

Lo cierto era que la vida de Verne escondía muchas decepciones. Dicen que el día en que su padre lo azotó con un látigo, el pequeño Julio tenía entre sus manos un coral que había recogido en las playas del Atlántico. Cuando pudo salir, fue a llevárselo a su prima Caroline, pero ella lo recibió con frialdad. Cuando Julio escribió su primer texto (una obra de teatro para títeres), lo dedicó a su prima, pero parece que a ella no le interesó. Muchas de las tristezas de la vida de este gran novelista procedían del desinterés de su bella prima. ¡Tal vez por esta causa, para olvidar el amor no correspondido por su prima y su padre, Julio Verne sentía la imperiosa necesidad de viajar tan lejos como se lo permitía su imaginación!

Porfirio Díaz
(1830-1915)

Corazón en lucha

Este es un lugar común para hablar de muchos personajes de nuestra historia; sin embargo, no deja de ser cierto, en especial para referirse al personaje del cual hablaremos ahora. Se ha dicho de Miguel Hidalgo, de Benito Juárez y de Lázaro Cárdenas: "En su vida está contenida toda la historia de su época". Pero cuando nos referimos a Porfirio Díaz, esta frase se hace todavía más certera. Casi podemos decir que las contradicciones del México del siglo xix son las del presidente que más tiempo ha estado en el poder. Así como el país, don Porfirio fue liberal y católico, de ascendencia indígena y española, pobre y rico, militar y seminarista, moreno y blanco, rudo y educado, acertado y equivocado, paternalista y déspota, héroe y villano, pero, sobre todo, prócer y enemigo de la patria. ¿Quién diría que todas esas facetas tenían origen en su infancia, e incluso en la historia familiar previa a su nacimiento?

Por casualidad, Porfirio Díaz fue bautizado el 15 de septiembre de 1830. Como sabemos, el cura Miguel Hidalgo llamó a la rebelión la madrugada del 16 de septiembre de 1810. Seguramente, Díaz pensó que las dos fechas estaban unidas de alguna manera misteriosa y decidió que el Grito de Dolores se festejara no el día en que lo llevó a cabo Hidalgo, sino precisamente el día de su bautizo. No olvidemos que se ignora la fecha de su nacimiento; él festejaba la de su bautismo. Don Porfirio se sentía un predestinado, un héroe al cual la patria le debía muchos favores. Pero, sobre todo, se sentía con el derecho de rehacer la historia de México. Hay que recordar que durante su presidencia no existía ningún contrapeso a su poder. Juárez había pedido facultades especiales durante la guerra contra Maximiliano. Díaz ejerció ese poder casi ilimitado por 30 años. Como dice el historiador Paul Garner en *Porfirio Díaz. Del héroe al dictador: una biografía política* (Planeta, 2003): "Este enlace umbilical entre Porfirio Díaz y el destino de México sería explotado por el régimen para crear, en la conciencia popular, una relación entre Díaz y la consumación de la Independencia y la soberanía nacionales".

Oaxaca era entonces una de las ciudades más importantes de México. Desde el Virreinato se había convertido en una de las principales productoras de tintes para textiles, la segunda industria más importante luego de la minería. Cuando nació, sus padres se alegraron; antes que él habían muerto dos gemelos, Cayetano y Pablo. Era el sexto hijo de la familia, pero el primer varón. Doña Petrona Mori, su madre, se puso feliz. Su padre, José Faustino, decidió llamarlo Porfirio.

Algunos años antes, en 1810, cuando llevaba dos años de casado, José Faustino entró al ejército de Vicente Guerrero, quien había sido encomendado por Morelos para pelear en los estados del sur de México. Era tanto el amor del padre de Díaz por la causa patriótica que estuvo años al lado de Guerrero como veterinario de su ejército, y por ser tan valiente fue nombrado coronel. Aunque aún no se ganaba la guerra contra los españoles, José Faustino regresó al lado de su esposa. Fue entonces, tras 11 años de casados, que nació Desideria, su primera hija.

El padre de Porfirio cambió mucho, se volvió retraído y se ausentaba con frecuencia. "En los últimos años de vida –escribió Díaz en sus memorias–, mi padre se hizo muy místico, sin ser fanático; era un católico muy ferviente". Incluso se cambió el nombre a José de la Cruz. De ahí que Porfirio tuviera en su infancia mucha cercanía con el seminario. Su padrino de bautizo era su primo José Agustín Domínguez, cura de Nochixtlán. Desde que nació, su padrino dijo a sus padres: "Quiero que se comprometan conmigo para que mi ahijado siga la carrera eclesiástica". Este cura tan devoto no se imaginaba que, años más tarde, su ahijado dejaría de pensar en el sacerdocio cuando conoció a Benito Juárez. El día que se lo presentaron se emocionó tanto que no durmió y al día siguiente le avisó a su madre que seguiría los pasos de Juárez. Doña Petrona se enojó y lloró, pero quien se puso furioso fue su padrino.

En 1831, cuando Porfirio cumplió un año, Vicente Guerrero fue asesinado en Cuilapam, Oaxaca. Fue tanta la tristeza del padre de Porfirio que tal vez por esa causa cambió su carácter. Desde niño, Porfirio vio con los ojos de su padre la historia de México. Con toda seguridad quiso ser valiente como José Faustino. No hay que olvidar que Díaz no tuvo casi recuerdos de su padre; murió cuando éste apenas tenía tres años. Sin embargo, el patriotismo de su padre lo siguió toda la vida.

José Faustino murió a causa del cólera y las autoridades pintaron una gran cruz sobre la fachada de la casa familiar. Cuando los viajeros llegaban al Mesón de la Soledad de doña Petrona y veían la cruz, se alejaban de inmediato. A pesar de su viudez y de tener cinco hijos, logró seguir adelante. Primero vendió el mesón y luego se fue a vivir a un pequeño solar llamado El Toronjo. Porfirio tenía siete años cuando su madre decidió mandarlo a la escuela. Lo que más admiraba de su madre era la valentía, pero sobre todo la fuerza para sacar adelante a sus hijos. El verdadero amor de Díaz fue su madre, y siempre estuvo al pendiente de sus necesidades, aun cuando estuviera en campañas militares. En 1859, la visitó sin imaginar que era la última vez que la vería. Cuando salió de Oaxaca para combatir por la Reforma, Petrona falleció.

El corazón de Porfirio Díaz era muy similar a su natal Oaxaca, seco como la tierra de su ciudad, pero caluroso y apasionado como su historia. Gracias a su familia fue patriota y emprendedor. Pero, al mismo tiempo, en su corazón tan complejo, quería ser un poderoso hacendado como las familias que gobernaban Oaxaca y que en su niñez veía con nostalgia y mucha envidia. ¡Y en su corazón lucharon esas fuerzas internas toda su vida!

Henri de Toulouse-Lautrec
(1864-1901)

Espectador de la vida

El París de la Belle Époque, ¡feliz periodo de la historia europea! A lo largo de 40 años, los europeos trataron de dejar atrás los malos recuerdos del conflicto franco-prusiano, sin saber que, en 1914, los esperaba nuevamente la guerra, la más horrible de todas, en la cual moriría prácticamente toda una generación de jóvenes. Francia, Inglaterra y Rusia fueron las capitales de los grandes lujos y de las novedades. Como dice José Emilio Pacheco: "Quien no conoció el mundo anterior a 1914 no sabrá nunca lo que fue la dulzura del vivir", porque en esa época todo era nuevo: la luz eléctrica, el cine, el teléfono, el metro, los taxis, la fontanería, la telegrafía inalámbrica y el fonógrafo.

Entre el Quai d'Orsay y la Rue Bonaparte se encontraban las casas de las familias más distinguidas, los miembros de aquello que en Francia se llamaba *le gratin*, "lo más selecto" de la sociedad. Aunque muchos de ellos eran conservadores y tradicionalistas, conforme pasaban los años ninguno quería seguir viviendo entre reliquias familiares y decidieron conquistar París. Naturalmente, estos aristócratas comenzaron a frecuentar la nueva moda y las revistas (representaciones teatrales con canciones y bailables). Franceses y extranjeros se maravillaron con el *music hall* llegado de Londres, en el Folies Bergère.

Ese París nocturno, lleno de luz, botellas de colores, acróbatas, bailes, prostitutas, *cuplés*, operetas y, sobre todo, movimiento, quedó perpetuado por la mirada del pintor Henri de Toulouse-Lautrec. Puede decirse que "el país de Toulouse-Lautrec" no era iluminado por el sol, sino por la luz eléctrica. Su vida empezaba cuando la gente común se iba a dormir y él salía a los *cabarets* de París. Quienes lo veían entonces sabían que por su enanismo –sólo medía 1.52 metros– y su rostro cada vez más deforme tenía una existencia desdichada.

No obstante, el pintor llegó a decir: "¡Y pensar que nunca habría pintado si mis piernas hubieran sido más largas!". Como dice el crítico Giorgio Caproni: "Por hermoso o feo que fuera, bueno o malo, culpable o inocente, a él le interesaba sólo una cosa: no perder la buena ocasión que se le había ofrecido trayéndole al mundo, y mirarlo, verlo, descubrir su secreto en las líneas precisas de un rostro, de un brazo, de un vestido". A los ocho años, Henri llegó a París con su familia, procedente del pueblo de Albi, en los Pirineos. Pertenecía a una de las familias más ilustres de Francia. Como sucedía en muchas de estas familias, que casaban a parientes para no dividir la herencia, Henri fue hijo de dos primos hermanos, Alphonse de Toulouse-Lautrec y la condesa Adèle Tapié. Henri nació en el castillo medieval donde vivía su familia, el Hôtel du Bosc. En 1868, nació su hermano, Richard, quien sólo vivió un año.

Henri pasaba la mayor parte del tiempo en cama. Entonces, a los cuatro años, comenzó a pintar con los lápices de colores que su madre le regaló. Por suerte, la condesa guardó cientos de hojas que ahora guarda el Museo Toulouse-Lautrec de Albi, en los que se puede ver su proceso de aprendizaje. Pero, sobre todo, en esos dibujos puede verse el amor que Henri tenía por el movimiento y por la vida, es decir, por aquello que le estaba negado. Tal vez su madre se sentía culpable de la salud tan frágil de su hijo y por eso pasaba tantas horas a su lado, y tal vez se sentía apesadumbrada porque en el fondo Henri era fruto de un matrimonio por conveniencia y Alphonse desde hacía tiempo había seguido su camino y casi nunca se le veía en el castillo.

En varias ocasiones, Henri pintó a su madre con rostro de bondad y abnegación. Gracias a las cartas familiares, puede verse que la Condesa Adèle era enfermizamente religiosa, hipocondriaca, histérica, pero sobre todo muy avara. Dice Matthias Arnold en *Toulouse-Lautrec. El teatro de la vida* (Taschen, 2007) que esta relación tan dominante desembocó en las reacciones extremas que el pintor manifestaba, intentos desesperados por romper el cordón umbilical: "Se explica entonces el carácter pendular de la vida de Lautrec: de la élite de la nobleza a la bohemia de Montmartre; del castillo a los *cabarets* y prostíbulos". Sí, era como si sólo en esos burdeles pudiera encontrarse a sí mismo, lejos del dominio de su madre. ¿Por qué eligió sitios tan peligrosos y en los que la gente podría burlarse de su físico?, ¿y cómo es que se convirtió en un hombre tan respetado? Tal vez, como dice la crítica Renata Negri, sólo el resplandor de sus ojos negros llenos de melancolía lo salvaba del ridículo.

Cuando la familia se trasladó a París, un artista dedicado a pintar animales, sobre todo caballos, comenzó a frecuentarla. Este pintor, René Princeteau (1843-1914), era sordomudo, pero eso no impidió que triunfara en los salones parisinos. Cuando vio que Henri tenía grandes dotes para la pintura se ofreció para darle clases y hospedarlo en su estudio de la Rue Saint-Honoré. Lo más importante es que Princeteau logró que los padres de Henri lo dejaran pintar, ya que el conde no aceptaba su talento; quería que Henri fuera militar o jinete. Mas, ocurrió una tragedia que no tenía nada que ver con la voluntad del futuro pintor, pero hizo que su padre se desilusionara de él. A los 13 años, Henri se fracturó la pierna izquierda y, al año, la derecha. La fragilidad de los huesos hizo que la familia aceptara que su hijo tenía una enfermedad hereditaria, picnodisostosis, que consiste en enanismo, osteoporosis y anomalías craneales. Por eso su rostro fue deformándose hasta volverlo grotesco.

Alphonse nunca perdonó a su hijo el que no fuese militar o jinete y se alejó de él. Cuando Henri tenía 12 años, su padre le regaló un libro con una dedicatoria en la que le decía: "Recuerda, hijo, que sólo la vida al aire libre y a la luz del sol es saludable; todo lo privado de libertad se daña y muere pronto".

Toulouse-Lautrec no se desanimó nunca a causa de su enfermedad. A los 14 años se dio cuenta de que su vida sería distinta y asumió que siempre sería sólo un "espectador". Mas nunca se dio por vencido y en su obra no hay amargura ni desánimo. Al contrario, en todos sus cuadros hay una mirada limpia de prejuicios, pues como le gustaba decir: "¡Uno es horrible, pero la vida es hermosa!".

Marcel Proust
(1871-1922)

Té de los recuerdos

Para Diego

No nos imaginamos otra novela que trate de una manera tan minuciosa el tema de la infancia como *En busca del tiempo perdido*. Difícilmente encontraremos una descripción tan precisa de los sentimientos de un niño. Parece no existir un universo personal tan intenso como el que narra Marcel Proust. Tal vez una de las escenas más conocidas de la literatura universal sea aquella en la que el protagonista (al que una sola vez se le llama por su nombre en los siete tomos: Marcel) llega del teatro y su madre le ofrece una taza de té y una magdalena. Entonces, al remojar el bizcocho en la taza, de forma insospechada, los recuerdos de su infancia y su juventud se arremolinan en su mente. Así comienza esa larga evocación realizada por Proust, con los recuerdos infantiles salidos de una taza de té: la casa de su tía Léonie, las visitas de Charles Swann a la casa familiar, los paseos con la abuela, las torres de la iglesia de Combray, pero, sobre todo, el beso que su madre le daba antes de dormir.

Cuando Marcel Proust llegó al mundo, las calles de París estaban en plena revuelta y casi destruidas por la guerra francoprusiana y de la Comuna de París. Un día que su padre, el doctor Adrien Proust, caminaba rumbo al Hospital de la Caridad, estuvo a punto de ser alcanzado por una bala. Fue tal la impresión de su esposa, Jeanne Weil, de origen judío, que le pidió que se fueran a Auteuil. Ahí nació Marcel, un bebé tan frágil, que su padre pensó: "No va a sobrevivir".

Jeanne cuidó y consintió tanto a su hijo que hizo de él un niño enfermizo. Marcel siempre pensó que las angustias que su madre sintió por los días de la Comuna eran las responsables de su mala salud. También se dio cuenta de que era más querido si se encontraba enfermo, así que aprendió a fingir dolores para recibir atención de su madre. Puede decirse que Jeanne fue el amor de su vida, una madre obsesiva, consentidora, cariñosa, y, principalmente, sobreprotectora. Para su hijo inventó todo tipo de apodos, unos más cariñosos que otros. En las cartas que su madre le escribía, Marcel era "lobo" o "mi pobre lobo". Hay que decir que ni siquiera cuando nació Robert, el hermano menor de Marcel, se rompió esa complicidad. Más bien, entre los dos hacían chistes sobre Robert, ya que Marcel se esmeraba en hacer que su hermano asumiera el papel del envidioso de la familia. No obstante, siempre tuvieron una buena relación, aun cuando Robert fue suprimido del libro *En busca del tiempo perdido*. El otro personaje de su infancia era su padre, autoritario y protector, con el que el escritor tenía una relación difícil, como lo describió en una carta: "Trataba, no de satisfacerle, sino de demostrarle mi cariño".

Cuando Marcel tenía siete años, le ocurrió algo que le hizo ver que el amor se termina y que la felicidad es imposible de alcanzar. ¿Qué suceso pudo ser tan determinante para su vida? Un verano, un colega del doctor Adrien fue de visita a casa de los Proust. Jeanne estaba ocupada atendiendo a su invitado y no pudo subir a dar el beso de todas las noches a su hijo. Pero Marcel se encontraba en su cuarto y sentía como si la mano de la angustia le apretara el pecho y no lo dejara respirar en paz. Años después Proust evocaría esas noches de tormento: "Para distraerme, habían inventado un juego provocado por una linterna, además cubrían mi lámpara de noche, lo cual suscitaba algunas sombras luminosas que se reflejaban en el techo de mi recámara, todo parecía como un vitral de la edad gótica". Cuando Marcel se asomaba por la ventana, sólo veía un pequeño grupo tomando vino en el jardín, platicando. Cuando ya no pudo más, Marcel llamó a uno de los criados y le pidió que buscara a su madre. "Pero, señorito Marcel, es imposible, su madre está atendiendo al invitado de Monsieur Proust". Marcel no pudo más, se asomó a la ventana y gritó: "¡*Ma petite maman*, ven un momento que te necesito!".

Jeanne subió de inmediato a ver a su hijo. El criado, algo inquieto, estaba a la entrada de la habitación esperando a ver en qué terminaba el llanto del niño consentido, pero *madame* Proust lo tranquilizó: "Es que el señorito Marcel no sabe lo que quiere ni qué le ocurre; todo se debe a sus nervios". Jeanne le dio no un beso sino decenas, intentó tranquilizarlo, lo abrazó y esperó a que se durmiera; pero Marcel no volvió a concebir la vida de la misma forma. El daño estaba hecho y era irreparable. Ya no volvió a tener la misma confianza en la existencia. Cuando Jeanne murió, su hijo confesaría que esa campanilla del jardín que anunciaba a los visitantes no había dejado de sonar en su corazón.

No existía un dolor más grande que recibir visitas, que hacían que Jeanne lo dejara solo. Dice George D. Painter, en su biografía *Marcel Proust* (Alianza, 1972), que los psicoanalistas llaman a este recuerdo un "recuerdo pantalla", porque en parte revela y en parte esconde remembranzas más profundas. ¿Qué estaría tratando de esconder Marcel? Tal vez, dice Painter, al tener el beso de su madre, lo que realmente estaba logrando era su "rendición", la total sumisión de su madre gracias al chantaje. Este recuerdo también es importante porque no sólo había un cariño desbordado por su madre, sino sentía cierto odio; le reprochaba inconscientemente haberle negado su beso de las noches. Qué complejo era el corazón de Marcel: para lograr el amor era capaz de hacer lo que fuera.

Un día, cuando la familia Proust regresaba de un paseo, Marcel, de nueve años, comenzó a toser y a ahogarse de una manera tan intensa que horrorizó a todos. Fue la primera vez que se manifestó el asma, enfermedad responsable de que Proust se encerrara sus últimos años a escribir *En busca del tiempo perdido*. Como dice Painter: "El asma está vinculada a deseos y conflictos subconscientes". Con esto, el biógrafo inglés quiere dar a entender que Proust quizá cayó enfermo para recuperar el amor de su madre, pero también para castigarla.

Su neurosis contribuyó a hacer de él un minucioso analista de las pasiones. Dedicó muchas páginas a describir el París de su tiempo, así como la psicología de una gran cantidad de personajes. Proust era amante de lo nuevo y lo antiguo. Le gustaba salir a descubrir las maravillas de los escaparates, pero nunca se separó de los muebles espantosos que recibió de sus antepasados. No cabe duda de que la frase del doctor Ramírez "infancia es destino" se cumple cabalmente en Proust, quien escribió una de las novelas más ambiciosas del siglo xx para explicar su vida gracias al reencuentro con su infancia, el reencuentro de esas noches mientras esperaba, con toda su angustia, a que su madre le diera el beso de las buenas noches.

Virginia Woolf

(1882-1941)

Cazadora de mariposas

En una ocasión, Virginia Woolf fue a visitar la finca de dos de sus grandes amigos, el matrimonio de Vita Sackville-West y Harold Nicolson. Era el año de 1926, entonces Virginia tenía 44 años y ya era considerada una renombrada escritora. Cuando llegó, saludó a Nigel, el hijo de este matrimonio, quien tenía entonces nueve años. Nigel traía entre sus manos una mariposa disecada. La autora de *Una habitación propia* se le acercó para preguntarle: "Hola, Nigel, ¿te gusta cazar mariposas?". "Sí, Virginia, me gusta mucho. Tengo una colección muy grande". "¿Y por qué no vamos a cazar insectos?", le preguntó Virginia con mirada de complicidad.

Esa tarde, Virginia y Nigel corrieron por los prados de Sevenoaks, un distrito muy cercano de Londres, intentando cazar libélulas, polillas, pero sobre todo mariposas. Desafortunadamente, a lo largo de toda la tarde, ninguno de los dos pudo cazar siquiera un insecto. No obstante que los dos estaban muy cansados de correr tras los insectos, ambos se encontraban felices.

"¿Sabes, Nigel? Desde que era niña me gustaba cazar mariposas –le dijo Virginia–. Con mis hermanos, salíamos al bosque y llenábamos de melaza los troncos para atraer insectos. Entonces, los atrapábamos y luego los poníamos sobre una hoja de corcho, completamente extendidos y con su alfiler. Debajo de cada uno, colocábamos un papelito que decía su nombre científico".

Virginia Woolf no se imaginaba que ese niño que tenía enfrente iba a ser su biógrafo más importante. Nigel la veía con mucha curiosidad, sabía que era la mejor amiga de sus padres y que se trataba de una de las escritoras más famosas de Inglaterra. Lo que ni siquiera le pasaba por la cabeza a Nigel era que su madre, Vita, era en ese momento la amante de la escritora. Entonces, todo mundo hablaba de su novela más reciente, *La señora Dalloway* (1925), aunque la verdad era que muy pocas personas la entendían a causa de su complejidad narrativa.

Nigel la veía como una mujer distante y misteriosa. Cuando se encontraban descansando de toda una tarde de buscar insectos, este niño la miraba con curiosidad. Virginia volteó a verlo y le preguntó: "Nigel, ¿qué se siente ser niño?". "Pero, Virginia, tú ya fuiste niña, ya sabes cómo se siente. Más bien, yo no sé qué se siente ser adulto, porque yo nunca he sido mayor...". "Pero no es lo mismo. ¿No te das cuenta que no es lo mismo ser niño que ser niña? Es completamente distinto, yo no puedo saber qué se siente ser niño", respondió la novelista con cierto desencanto.

Nigel, sin saber qué decir, le preguntó: "¿Pero fuiste feliz cuando eras niña?". Virginia respondió con evasivas, de ahí que Nigel se quedara confundido y sintiera timidez al volver a preguntarle. Desde entonces, comenzó a leer sus libros, pero sobre todo empezó a observarla detenidamente. Cuántas cosas escondía esta mujer a la que todo mundo consideraba tan inteligente, a la que todo mundo quería conocer, pero que siempre se mostraba hermética con los demás.

Esa tarde dedicada a perseguir insectos, cuando regresaban a la casa para tomar el té, Virginia dijo a Nigel: "Recuerda esto: tienes que llevar un diario, escribir cartas a tus amigos y a tus familiares. ¿Sabes por qué? Porque nada ocurre realmente hasta que no se escribe".

Cuando pasaron muchos, muchos años, Nigel se decidió a escribir la vida de su amiga, y en el año 2000, es decir 74 años después de esa tarde, finalmente la publicó con el breve nombre de *Virginia Woolf* (Mondadori, 2002). ¿Qué decía acerca de la infancia de Virginia? ¿Qué era lo que realmente escondía con ese carácter tan distante? ¿Sería miedosa porque desde niña era tan torpe que causaba todo tipo de accidentes en su casa, al grado de que todos en la familia le decían *la Cabra*?

Leamos los hechos que su autor considera fundamentales: "Su madre murió cuando tenía 13 años y su hermanastra, cuando tenía 15. A los 22 perdió a su padre y dos años después a su hermano Thoby. Otra hermanastra suya estaba trastornada. La propia Virginia, ya desde bastante joven, sufrió periodos de depresión aguda e incluso de enajenación mental. Sus hermanastros abusaron sexualmente de ella cuando todavía era demasiado joven para entender lo que ocurría".

Desde muy joven, esta gran novelista se quedó completamente sola. Sin su padre, con quien hablaba de literatura; sin su hermanastra Julia, que murió de peritonitis en su luna de miel, y sin su hermano Thoby, con quien publicó a los nueve años un pequeño periódico semanal en el que se contaban las "noticias" de todo lo que sucedía en la casa familiar, el *Hyde Park Gate News*.

Como pueden imaginarse, una niña de la clase de Virginia no asistió a la escuela, sino que fue educada en su casa por algunos profesores, pero sobre todo por su padre, Leslie Stephen, quien era un novelista, historiador y editor del *Diccionario Nacional Oxford* de biografías.

Naturalmente, desde niña, admiró a su padre. Y él fue un padre muy amoroso. Veamos una carta de Leslie a su esposa: "La pequeña Ginia (es decir, Virginia) está hecha toda una coqueta. Hoy le he dicho que tenía que irme a trabajar. Se ha acurrucado a mi lado en el sofá, apretando su cuerpecillo menudo contra el mío, y luego me ha mirado con esos brillantes ojos suyos por entre su mata del pelo y me ha dicho: «No te vayas, papá». Parecía completamente desconsolada. En mi vida he visto semejante picarona".

A veces le decía a su hija: "Aprendes muy rápido todo lo que conversamos. Estoy seguro que con el tiempo serás una gran escritora".

¿Pero cuál habrá sido el acontecimiento central en la vida de esta niña tan observadora y tan sensible? Muchos de sus biógrafos creen que se trata de la relación con sus hermanastros George y Gerald. Dicen que estos dos jóvenes consideraban a sus hermanastras menores como sus "objetos sexuales".

En una ocasión, cuando todavía era muy pequeña, Gerald la subió a una mesa y le metió la mano por debajo de la falda. Sin embargo, Virginia nunca acusó a su hermanastro y se guardó todos sus reproches. Posteriormente, George entraba por las noches al dormitorio de Virginia y se aventaba sobre su cama e intentaba abrazarla. Como ella misma escribiera:

"Los violentos arrebatos de pasión de George y su comportamiento son escasamente mejor que el de una bestia". Aunque muchos biógrafos hablan de incesto, lo cierto es que nadie sabe si en realidad ocurrió o si, como dice Nicolson en su libro, George poseía un instinto incestuoso, pero no lo ejercitó. Tal vez, Virginia al recordar a su hermanastro, dramatizó los hechos más de lo que en realidad había ocurrido. Hay que decir que con los años, Virginia y George se convertirían en grandes amigos.

Con tantos conflictos personales, nos explicamos que Virginia se convirtiera en escritora de una manera tan desesperada. ¡Con toda razón escribía para explicarse a sí misma su vida complicada y solitaria! Como escribió Rosario Castellanos: "La literatura es para Woolf no un medio para satisfacer su vanidad con los elogios; ni para situarse en un lugar de honor dentro del ambiente intelectual, sino un instrumento de liberación propia".

José Vasconcelos
(1882-1959)

Un pequeño filósofo

En su maravilloso libro de memorias, *Ulises criollo* (1935), José Vasconcelos escribió: "Oscuridad, desamparo, terrible pavor y comprensión vanidosa, tal es el resumen emocional de mi infancia". Es cierto que este gran escritor, pero sobre todo gran caudillo cultural, no tuvo una infancia fácil; no obstante, a causa del trabajo de su padre como oficial de aduanas, recorrió muchos lugares de México y conoció de cerca las grandes contradicciones del país. Desde que era muy niño, Vasconcelos supo que tendría una vida excepcional. Gran parte de esta seguridad se la dio una vanidad que lo acompañó desde sus primeros años, una vanidad que era fruto de una gran inteligencia y que le sirvió para intentar explicarse su circunstancia.

No hay que olvidar que Vasconcelos fue uno de los más decididos maderistas, y que luego fue el primer Secretario de Educación Pública de México, entre 1921 y 1924; que tuvo a su cargo una de las más importantes campañas de alfabetización, así como la edición de una importantísima colección de "clásicos" que incluía la *Ilíada*, *La divina comedia* y el *Fausto*, entre muchos otros. Tampoco hay que olvidar que en 1929 llevó a cabo una campaña presidencial para competir contra Pascual Ortiz Rubio, el candidato de Plutarco Elías Calles. Lo que nunca imaginó fue que a pesar del apoyo de muchísima gente, los resultados de las elecciones le dieron sólo el 1 % de los votos contra el 99 % que obtuvo Ortiz Rubio. Era evidente que sus seguidores estaban decididos a lo que fuera para defender su voto; no obstante, Vasconcelos fue exiliado durante 10 años. Cuando regresó, en 1939, algo esencial había cambiado en su modo de pensar. Ya no era el escritor combatiente de su juventud, ni el gran orador que encendía a su auditorio, se había convertido en un escritor conservador que llegó a hacer comentarios favorables al fascismo.

Su existencia fue muy contradictoria. Quizá tenía esa tentación de explicarse a sí mismo su propia vida y por eso dejó cuatro volúmenes (*Ulises criollo*, *La tormenta*, *El desastre* y *El proconsulado*) de una gran calidad, pero sobre todo muy apasionantes. Como escribió Jorge Cuesta: "La biografía de Vasconcelos es la biografía de sus ideas. Este hombre ha tenido ideas que viven, ideas que aman, que sufren, que gozan, que sienten, que odian y se embriagan; las ideas que solamente piensan le son indiferentes y hasta odiosas". Sí, tal como dice Cuesta, son libros emocionantes, que narran su vida personal y política, pero sobre todo sus pasiones. La infancia es uno de sus temas más recurrentes.

Aunque nació en Oaxaca, desde muy niño comenzó a recorrer el país. Sin embargo, el lugar que más quiso fue Piedras Negras. Tenía tanto apego por esta ciudad que la llamaba "mi tierra". A lo largo de su infancia, qué variedad de paisajes observó, cómo se emocionaba cuando viajaba por tren y con cuánta curiosidad aguardaba conocer el mar.

"Las imágenes en el juego de recordar –escribió– acuden o se pierden según motivos que nos escapan y sin que la importancia de la ocasión suela ser decisiva para fijarlas. No es extraño que entre tantas otras me venga a la mente, clara como la vez primera, la visión de aquel mar verde y rizado que a poco de amanecer contemplamos desde la ventana de nuestro humilde cuarto de la vieja hospedería veracruzana". Desde ahí, toda la familia se hizo a la mar para llegar a Campeche, en donde su padre había sido enviado a trabajar. Era tanta su religiosidad, que el pequeño José, viendo el paisaje desde la escotilla, preguntó: "¿Es cierto, mamá, que algunos han visto cara a cara a Dios?". "¿Por qué no? Es tan grande su poder que, sin empequeñecerse, sin dejar de ser infinito, puede revelarse a los limpios y justos de corazón", le respondió ella con dulzura.

Dicen los que han estudiado a Vasconcelos que la educación de su madre fue tan importante que conforme pasaban los años, iba volviendo con más fuerza la religiosidad con la que fue educado. Con mucha insistencia, recordaba los años en los que su familia se fue a vivir a Sonora, al pequeño poblado fronterizo de Sásabe. Era un lugar tan alejado, que constantemente estaba asolado por los apaches. Cuando estos indígenas llegaban a asaltar a los pobladores, muchas veces mataban a los hombres, vejaban a las mujeres y estrellaban a los niños pequeños contra el suelo. "No te preocupes –le decía su madre a José–, si llegan a venir, a nosotros nos matarán, pero a ti te vestirán de gamuza y plumas, te darán tu caballo, te enseñarán a pelear, y un día podrás liberarte".

José apenas tenía tres años. "Si vienen los apaches y te llevan, tú nada temas, vive con ellos y sírvelos, aprende su lengua y háblales de Nuestro Señor Jesucristo, que murió por nosotros y por ellos, por todos los hombres. Lo importante es que no olvides: hay un Dios todopoderoso y Jesucristo, su único hijo. Cuando aprendas a reconocer el mundo, toma hacia el Sur y vete a la capital, ahí pregunta por Esteban Calderón, de Oaxaca. En México lo conocen, cuando llegues, dile que eres su nieto y cuéntale cómo nos mataron los indios".

Tal vez, estas palabras las siguió escuchando toda la vida. Siempre oía la voz de su madre, de quien no quería separarse. Uno de los recuerdos más importantes de su vida era la ocasión en que fue a comprar dulces, cuando vivía en Eagle Pass, Texas. De pronto, se vio reflejado en un vidrio. Ese hecho común, en aquella ocasión lo hizo sentirse tan extrañado que comenzó a pensar: "¿Soy eso que está enfrente de mí? ¿Qué es un ser humano? ¿Qué soy yo? ¿Y qué es mi madre? ¿Por qué mi cara no es la de mi madre? ¿Por qué es preciso que ella tenga un rostro y yo otro? ¿La división en dos y luego en miles de personas tiene algún propósito? ¿No hubiera sido mejor que yo me hubiera quedado dentro de mi madre, mirando por sus ojos?".

Desde entonces, se sentía un niño especial, que se dedicaba a leer libros y a reflexionar: "Estoy seguro de que ningún niño de Piedras Negras y Eagle Pass ha leído lo que yo. Tal vez en la Ciudad de México sí habrá alguien. Pero eso no me importa". Por eso escribió: "Antes que la lujuria, conocí la soberbia. A los 10 años ya me sentía solo y único y llamado a guiar". Hay que decir que a su padre le preocupaba el hecho de que viviendo en la frontera, su hijo pudiera ser "absorbido" por otra cultura. Por esta causa le daba a leer libros de historia, como *México a través de los siglos* y el *Atlas* de Antonio García Cubas. Cuando iba a la escuela, se sentía mal cuando hablaban del general Santa Anna humillándose ante un sargento *yankee*. No hay que olvidar que era de los pocos mexicanos que estudiaba en Eagle Pass.

La gran preocupación de la madre de Vasconcelos era que el protestantismo pudiera influir en su hijo, por eso dedicaba mucho tiempo a rezar con él y a explicarle la Biblia. En una ocasión, José descubrió un pasaje en el que un angelito se le apareció a san Agustín para disuadirlo en su empeño de explicar los misterios de la fe. El angelito tomaba su cántaro con agua de mar y la echaba en un agujerito: "¿Qué haces?", preguntó el santo. "Lo mismo que tú", respondió el ángel, "estoy echando agua de mar".

En esa ocasión, Vasconcelos preguntó a su mamá: "¿Qué es un filósofo?". "Filósofo es el que se atiene a las luces de la razón para indagar la verdad. Sofista es el que defiende lo falso, por interés o por simple soberbia y ufanía". Dice Vasconcelos que se quedó pensando en esa palabra tan misteriosa: "La palabra filósofo me sonaba cargada de complacencia y misterio. Yo quería ser un filósofo. ¿Cuándo llegaría a ser un filósofo?".

Adolfo Hitler
(1889-1945)

"No volveré a llorar frente a mi padre"

"Cuanto más sé sobre Hitler, más difícil me resulta explicarlo". Estas son las palabras de Alan Bullock, biógrafo de quien tal vez sea uno de los hombres más odiados de la historia. ¿Qué escondía en su pasado? ¿Cómo fue su infancia? ¿Existen en ella efectivamente las claves para entender a una de las personalidades más temibles que han existido? Sin duda, la gran pregunta de todos aquellos que se han interesado por este tema ha sido: "¿Qué había adentro de Hitler?" Ron Rosenbaum, autor del libro *Explicar a Hitler. Origen de su maldad* (Siglo XXI, 1999) dice que en su interior había "una *terra incognita* de ambigüedad e incertidumbre en la que ejércitos de estudiosos chocan en las tinieblas en torno a las sombras espectrales del pasado de Hitler y la enceguecedora oscuridad de su mente". Sólo para dar una idea de las inquietudes que sigue despertando este personaje, veamos a qué preguntas se enfrentan sus biógrafos: ¿era Hitler un hombre convencido de lo que pensaba? o por el contrario, ¿manejó para sus propios intereses políticos el antisemitismo alemán? ¿Fue un producto de su sociedad?, ¿o puede decirse que Hitler está más allá de las explicaciones sociales? Y por otra parte, ¿de dónde proviene el feroz antisemitismo de Hitler? ¿Tendrá, como afirman muchos estudiosos, su base en algún trauma sexual de su infancia?

Para Rosenbaum resultaba muy llamativo que mucha gente se indignara al ver la única foto de Hitler en su infancia. Era "inmoral" mostrar a ese niño con su mirada ingenua... "¿Cómo? ¿Es que este niño era inocente? ¿Pudo ser un bebé encantador?", son preguntas que muchos se hacen cuando ven esta fotografía. Como si comprenderlo fuera justificarlo, como si el hecho de comprenderlo consistiera en hacer comprensibles sus crímenes, escribe Rosenbaum. Personalmente, creo que se trata de lo contrario, es decir: comprender para prevenir. Permítanme copiar el poema *Primera fotografía de Hitler* de la gran escritora polaca y Premio Nobel de Literatura, Wislawa Szymborska:

> ¿Y quién es este niño con su camisita?
> Pero ¡si es Adolfito, el hijo de los Hitler!
> ¿Tal vez llegue a ser un doctor en leyes?
> ¿O quizá tenor en la ópera de Viena?
> ¿De quién es esa manita, de quién la orejita, el ojito, la naricita?
> ¿De quién la barriguita llena de leche? ¿No se sabe todavía?
> ¿De un impresor, de un médico, de un comerciante, de un cura?

¿A dónde irán estos graciosos piececitos, a dónde?
¿A la huerta, a la escuela, a la oficina, a la boda tal vez con la hija del alcalde?

Cielito, angelito, corazoncito, amorcito,
cuando hace un año vino al mundo,
no faltaron señales en el cielo y en la tierra:
un sol de primavera, geranios en las ventanas,
música de organillo en el patio,
un presagio favorable envuelto en un fino papel de color rosa.
Antes del parto, su madre tuvo un sueño profético:
ver una paloma en sueños, será una buena noticia;
capturarla, llegará un visitante largamente esperado.
Toc, toc, quién es, así late el corazón de Adolfito.

Chupete, pañal, babero, sonaja,
el niño, gracias a Dios, está sano, toquemos madera,
se parece a los padres, al gatito en el cesto,
a los niños de todos los demás álbumes de familia.
Ah, no nos pondremos a llorar ahora, ¿verdad?,
mira, mira, el pajarito, ahora mismo lo suelta el fotógrafo.

Atelier Klinger, Grabenstrasse, Braunen,
y Braunen no es una muy grande, pero es una digna ciudad,
sólidas empresas, amistosos vecinos,
olor a pastel de levadura y a jabón de lavar.

No se oye el aullido de los perros, ni los pasos del destino.
El maestro de historia se afloja el cuello
y bosteza encima de los cuadernos.

Pues sí, así fue no obstante. Ese niño que vemos en la fotografía, con una mirada de sorpresa, con su pelo cubriéndole la frente no es para nada distinto de todos los demás niños. Y por esa causa es necesario saber qué camino siguió para dejar de ser ese niño a quien su madre le decía "corazoncito" para convertirse en uno de los peores genocidas de la historia.

Hay que decir que esta famosa fotografía fue dada a conocer en 1932, en un libro titulado *El Hitler que nadie conoce*. Hay que decir asimismo que por entonces, el futuro *Führer* atravesaba por una etapa en que la sociedad alemana murmuraba sobre su vida sexual, sobre su familia y sobre su supuesto origen extranjero. Y él decidió usar esa foto para enternecer a los alemanes.

Hitler era hijo de Alois Hitler y de Klara Pölzl. Alois, quien era oficial del servicio de aduanas, le llevaba 23 años a Klara, quien era su tercera esposa. Hay que decir que en Braunau am Inn, el pequeño pueblo del Imperio austrohúngaro en que nació Hitler, los vecinos se dedicaban a murmurar acerca de este matrimonio, ya que Alois tenía fama de mujeriego. Por si fuera poco, ambos esposos eran primos en segundo grado, así que solicitaron una dispensa papal que les permitiera casarse. Por otra parte, parece ser que Hitler siempre pensó que su abuelo paterno, al cual no conoció, era judío. No obstante, hoy se sabe que era una sospecha infundada de parte de Adolfo. Afortunadamente para esta pareja, Alois fue ascendido y se trasladó con su familia al pueblo de Passau. De los seis hijos de los Hitler, sólo sobrevivieron Adolfo y Paula.

Sin embargo, al poco tiempo, Alois fue transferido a otro pueblo, por lo que Klara se tuvo que responsabilizar de sus hijos. Seguramente era una mujer débil y aprensiva, ya que solía ponerse muy nerviosa al estar sola con sus hijos. Cuando sentía que sus hijos la desobedecían, Klara señalaba las pipas que su esposo solía dejar en la cocina y les decía: "Cuando su padre regrese, los va a quemar con estas pipas".

Pero ciertamente, los castigos que Alois acostumbraba dar a sus hijos eran peores que quemarlos sólo con su pipa. Muchas veces los mandaba a su cuarto a desnudarse y acostarse boca abajo en su cama. Luego de un rato, su padre subía a la habitación con un látigo para perros y, después de regañarlos por un rato, los azotaba duramente. Pero en una ocasión, mientras recibía los azotes, Adolfo se dijo a sí mismo que no volvería a llorar frente a su padre. Poco después, durante otra sesión de azotes, Klara pudo ver cómo su hijo aguantaba en completo silencio el castigo paterno.

"En más de una ocasión el aterrorizado Adolfo defecó", escribe David Lewis en su libro *La vida secreta de Adolf Hitler* (Diana, 1980). "Esto probablemente sea un adorno degradante en la historia, por parte de Alois [el medio hermano de Adolfo], pero contiene cierta base en la actitud posterior de Hitler hacia los excrementos... Cuando dejó la escuela secundaria, que detestaba, utilizó su diploma como papel de baño, posteriormente derivó satisfacción sexual al hacer que las mujeres se orinaran sobre él. Después de la Primera Guerra Mundial llevaba un látigo para perros, lo utilizaba en varias de sus amiguitas y les suplicaba que lo empleasen en él".

Pero quizás su gran enfrentamiento con Alois fue el día en que le anunció que quería ser artista. No, era algo que su padre no podría aceptar. "¿¿¿Un artista???", le dijo indignado, "¡mientras yo viva, jamás!". Adolfo no permitió que la decisión de su padre lo afectara, así es que vivió con el deseo de estudiar pintura. Desafortunadamente para Hitler, y desafortunadamente para la humanidad, la Academia Vienesa de Bellas Artes lo rechazó dos veces. A pesar de sus fracasos, hay que decir que nunca dejó de considerarse un artista. Ciertamente era un aspirante a artista sin ningún talento; tal vez, podemos concluir, que lo único que tenía sumamente desarrollado este personaje era la megalomanía.

Después de tantos y tantos estudios sobre la personalidad de Hitler, sus biógrafos se han quedado sin una respuesta satisfactoria. Pero podemos decir con la psicoanalista Alice Miller: "Estoy absolutamente persuadida de que detrás de todo gran crimen se oculta una tragedia personal". Sí, se trata de una enorme tragedia cuya frustración se proyectó sobre millones de destinos.

Alfonso Reyes

(1889-1959)

En medio de libros y de sueños

Esta es la infancia de un poeta. Así es, la infancia de Alfonso Reyes, el magnífico escritor de Monterrey, quien nació el día de san Pascual Baylón, en la ciudad de Nuevo León, el 17 de mayo a las nueve de la noche. Qué feliz estaba su padre, el general Bernardo Reyes, quien acababa de ser elegido gobernador de Nuevo León ese mismo año. No tiene nada de raro que Alfonso, el penúltimo de los once hijos del general, haya tenido una enorme sensibilidad literaria, ya que su padre no sólo tenía una enorme biblioteca sino que era amigo y mecenas de muchos poetas. El más importante de los poetas a los que ayudó el general era sin duda Manuel José Othón, el autor del bellísimo poema "El idilio salvaje". Este poeta le tenía mucha gratitud al gobernador, ya que le daba la oportunidad de hacer lecturas en su casa, apoyaba sus obras teatrales, pero sobre todo lo financiaba para que pudiera escribir.

Apenas nació su hijo, el general le escribió a Othón: "Mi esposa Aurelia dio a luz, con eterna felicidad, un niño que llevará el nombre de Alfonso. Lo ponemos a disposición de usted". Ese niño tan privilegiado, pasó toda su infancia en la casa Degollado, como se llamaba la residencia paterna, una casa siempre inundada por el maravilloso sol de Monterrey, y desde la que se observaba el imponente Cerro de la Silla. Puede decirse que el paisaje de su ciudad natal se quedó en el alma de Reyes como una marca imborrable. Por eso decía que a donde fuera, siempre lo seguía el sol de su infancia, como lo escribió en el poema *Sol de Monterrey*:

> Cuando salí de mi casa
> con mi bastón y mi hato,
> le dije a mi corazón:
> –¡Ya llevas sol para rato!–
> Es tesoro –y no se acaba:
> no se me acaba –y lo gasto.
> Traigo tanto sol adentro
> que ya tanto sol me cansa.–
> Yo no conocí en mi infancia
> sombra, sino resolana.

No cabe duda que así estuviera en París, en Madrid, en Buenos Aires o en Río de Janeiro, el sol lo acompañaba. Era como si tuviera dentro su ciudad, con su luz y sus cerros. Hay que decir que si bien Reyes, luego de salir de Monterrey en 1900 no regresó nunca más, siempre añoró esos días de su infancia, como lo dice en un pequeño poema:

Hermoso Cerro de la Sía…
quién estuviera en tu horqueta
una pata pa Monterrey
lotra pa Cadereita…
Monterrey de las montañas,
tú que estás al par del río;
fábrica de la frontera,
y tan mi lugar nativo
que no sé cómo no añado
tu nombre en el nombre mío.

Nos preguntamos ¿qué quería ser de grande este niño tan soñador? ¿Militar como su padre? ¿O bien, poeta como los amigos de la familia? Pues no: Alfonso durante mucho tiempo quiso ser nada menos que mago. Tal vez hubiera sido un mago muy apreciado en los circos, y quizá hasta deseó irse con un circo, como también soñaba hacerlo Federico Fellini. Pero por más que practicaba los trucos, siempre fallaba. Todo lo contrario de sus hermanas, quienes sin preparar nada, tenían grandes habilidades para la magia. Entonces decidió aprender a pintar; por suerte, ahí en Monterrey estaba el pintor Guadalupe Montenegro, a quien le pidió clases, pero como escribió Alfonso, "al fin no pudo enseñarme a dibujar, porque él me hacía todos los dibujos".

Finalmente, encontró una pasión que ya no lo abandonó por el resto de su vida. Nos referimos, naturalmente, a la literatura. En esa inmensa casa, se encontraba la maravillosa biblioteca de su padre. Cuántas veces no hurtaba a escondidas un libro y lo llevaba debajo de la mesa del comedor para leer sin que lo molestaran. Pero los que más le gustaban eran los libros más grandes, aquellos que podía abrir y sobre los cuales se podía sentar a ver los grabados de Doré. También le gustaba leer el Quijote y los viajes de Dante al Infierno, al Purgatorio y al Cielo. No cabe duda que estas lecturas le despertaron su imaginación y lo animaron a escribir sus primeros cuentos y poemas. Ciertamente, su familia estaba encantada de que Alfonso tuviera tanta afición por los libros, ya que cuando no leía era el típico niño travieso al que le encantaba comerse los dulces a escondidas, molestar a sus hermanas y abrir los relojes de la casa para ver qué tenían adentro. Una de las tácticas que descubrieron sus hermanas para lograr que estuviera tranquilo fue decirle: "Vamos a jugar a que Alfonso estaba pensando mucho". Como escribió Reyes: "Yo, al principio, me resistía; eso de pensar se me hacía algo repugnante y se me aparecía algo parecido a «sudar»".

Entre los papeles de Reyes existe un cuaderno que desafortunadamente se encuentra inédito y el cual contiene los primeros versos que escribió. Alfonso siempre cargaba con su cuaderno y se escondía para que nadie lo molestara. Tal vez ahí están sus primeros amores, sus cuentos, su diario y, sobre todo, los secretos de sus trucos mágicos, como "el oráculo de Cagliostro" y "el alfabeto de los magos".

Leamos un poema que Alfonso escribió cuando era muy pequeño. Se lo inspiró el perro del historiador Francisco Bulnes, el cual un día mordió al hermano mayor de Alfonso, por lo que los vecinos lo mataron a balazos:

> Allá en lontananza
> venid se divisa
> una horrible panza
> que provoca risa
> es don Pancho Bulnes
> el viejo panzón
> que viene a cobrar
> la indemnización.

Evidentemente, el general Reyes estaba orgullosísimo de tener un hijo tan inteligente, tan sensible, pero sobre todo tan original. Dicen que era viva copia de su padre, que tenía el mismo carácter y sobre todo, su gran facilidad para reír: "a él le debo cuanto hay en mí de Juan-que-ríe". Cuando se enteró que Alfonso tenía un cuaderno con sus poemas, un día lo llevó con el poeta Othón, y le dijo: "Aquí está Alfonsito, que ya comienza a escribir sus poemas. ¿Qué consejo le das?" Entonces, Othón leyó el cuaderno, le acarició la cabeza al joven poeta y le sugirió: "Sigue, sigue haciendo tus versos. Escríbelos siempre, corrígelos después de memoria para que entren del todo en tu naturaleza. Y ¡muy importante!: lee constantemente a los clásicos españoles".

Desde entonces, supo que la literatura lo iba a seguir toda su vida. Nunca se resistió a sus fantasías. Sus sueños lo impactaban tremendamente, como la vez en que soñó que su cabeza atravesaba el techo de su casa y podía ver la noche llena de estrellas, mientras su madre y sus hermanos lo miraban con una cara de completa angustia. Muchas veces, en las mañanas, cuando se iba caminando a la escuela, lo que más le gustaba era "hipnotizar perros". Y en una ocasión llegó a su colegio seguido de doce perros hipnotizados. Otro de los sentimientos que lo seguía durante su infancia, era que a veces se sentía completamente trasladado a otro ser. Una vez, un mendigo de la calle tocaba y tocaba el organillo, por lo que su madre le dijo a una sirvienta: "«¡Que le den algo a ese pobre hombre para que se vaya!», «¡No, mamá! ¡Que no se vaya! ¿No ves que ese hombre soy yo?». Mi madre me contempló en silencio, y yo no sé lo que pasó por su alma".

Qué afortunado fue Alfonso Reyes, en medio de libros y de sueños, educado por un padre que apoyó su afición por la literatura y seguido de un sol que siempre le iluminó la vida.

Charles Chaplin
(1889-1977)

El niño de Lambeth

De todos los recuerdos que Charles Chaplin tenía de su infancia, el que atesoraba con más cariño era aquel en donde se veía a sí mismo afuera de la taberna El Jarro. Casi podía ver en su memoria los ladrillos viejos que formaban las paredes de los antiguos edificios del barrio de Lambeth, en la parte más pobre de Londres. ¿Cuántos años tenía, ocho, nueve, 12? No importaba la edad a la que se imaginaba, siempre se recordaba afuera de esa taberna. Nada lo ilusionaba más que ver llegar a los señores con su sombrero y su bastón a tomar una cerveza antes de regresar a su casa.

En ese bar se reunía lo mejor del *music hall* de Londres. Aunque hay que decir que lo mejor del *music hall* no es un halago; al contrario, los artistas que se dedicaban a ese negocio con frecuencia se encontraban en mal estado financiero. Ése era precisamente el caso de Charles y Hannah, los padres de este niño que rondaba las calles con tanta curiosidad.

¿Por qué aquel niño pasaba tanto tiempo viendo desde la banqueta ese espectáculo? Ese niño vestido con modestia parecía no querer moverse de ahí. Quería evitar a toda costa llegar a su casa en donde lo esperaba su madre, casi siempre triste. Intentaba escapar el mayor tiempo posible de la buhardilla en que vivía, pero sobre todo quería escapar de la pobreza.

Desde niño, Charles Chaplin tuvo que convivir con el ensueño y con la pobreza. Veía la vida a través de los sueños. No es que se tratara de una familia evasiva o mentirosa, pero había aspectos difíciles de tratar, por eso su madre los callaba. Casi no se hablaba del padre de Charles, quien era cantante cómico y había triunfado en varios países de Europa. Sin embargo, un día desapareció. Cuando Charles preguntaba por él a su madre, ella le platicaba de su voz y de su talento. "Se parecía a Napoleón", le decía. Pero por más que se esforzaba, Charles nunca pudo evocar un solo recuerdo de él. Luego se enteró de que su padre llegó a ganar hasta 40 libras esterlinas a la semana, es decir, un buen sueldo. Curiosamente, hasta los peores artistas del *music hall* tenían un buen sueldo, aunque no se lo debían precisamente a su talento. Los teatros tenían bar y sacaban más dinero de la venta de alcohol. Así es que a los artistas les pagaban bien, pues por lo general terminaban gastándose su salario en la taberna. Justamente, el padre de Charles fue víctima de esta forma de vida y murió a causa del alcoholismo.

Charles tenía un medio hermano cuatro años mayor que él, Sydney. Hannah hablaba de su pasado, pero lo hacía de una forma tan fantasiosa que era difícil saber si lo que decía era cierto o sólo era una bella historia: "¿Sabías que cuando era muy joven me escapé a África? Me fugué con un hombre mayor que estaba perdidamente enamorado de mí. Me quería tanto que me trataba como una princesa y me llevó a vivir en una plantación en donde teníamos muchos sirvientes y caballos. Ahí nació tu hermano Sydney. ¿Tú sabías que su padre es un Lord?". "Pero, mamá, ¿por qué renunciaste a esa vida en África?, ¿te das cuenta de que no tendríamos que cambiarnos de casa cada mes por no pagar la renta?", le decía su pequeño hijo lleno de frustración.

Cuánto trabajo le costaba a Charles despegarse de las ventanas de las tabernas de Lambeth. Cuánto le pesaba la pobreza. Por ello, Charlot, el personaje de Chaplin, recorre las calles con bastón y bombín, siempre pobre y siempre observando a los millonarios que pasan en sus carros lujosos. Se cuenta que Lambeth es el barrio que aparece en la película *El gran dictador*. Dice George Sadoul, el gran crítico de cine, que Chaplin toda la vida permanecerá fiel a su infancia. Cuál no habrá sido su sufrimiento al enterarse de que su barrio había sido bombardeado por el ejército de Hitler y que la mayor parte de las calles de su infancia habían desaparecido.

¿Saben ustedes cómo es que Chaplin era tan empático e imaginativo?, ¿cómo llegó a tener tanta sensibilidad para crear a sus personajes? Se lo debía a su madre. Dicen que a veces, Hannah le hablaba a su hijo: "¡Ven, corre! Mira, asómate a la ventana. Ese señor que va por la banqueta es Bill Smith. ¿Ya lo viste bien? ¿Ya observaste cómo es que sus botas están sucias? Fíjate cómo camina, con prisa y sin ver a los lados. Se ve como si estuviera enojado. A mí se me hace que viene de pelearse con la señora Smith. Estoy segura de que salió de su casa tan furioso que dejó en la mesa su café y su pan sin tocar". Dice Chaplin que en la tarde se enteró de que, efectivamente, se había peleado con su esposa y que había salido tan enojado que dejó su pan y su café.

Desde que había perdido su voz y nadie la llamaba para actuar, Hannah se pasaba horas en la ventana. Una noche, la voz de Hannah se quebró en plena actuación. Charles sintió tanta angustia cuando el público comenzó a chiflar y a burlarse de ella, que corrió a tomarla de la mano. Hannah, nerviosa, salió del escenario. Charles vio las candilejas del teatro y al público y algo lo impulsó a cantar. Lo hizo tan bien que cuando terminó, el público le arrojó monedas. Nunca había visto tanto dinero junto. Dejó de cantar y dijo: "Primero voy a recoger el dinero y luego sigo cantando".

Fue tanta la risa que le dio a la gente que el dueño del teatro se asomó a ver qué pasaba, y cuando vio al pequeño recogiendo el dinero se acercó para ayudarle, pero Charles pensó que quería quedarse con las monedas. Cuando el público vio la cara de preocupación del niño, comenzó a reírse más. Las carcajadas siguieron y siguieron. Entonces, el joven cantante volvió a ponerse en su sitio, y al llegar al final de la canción, imitó la voz de su mamá al quebrarse. Hubo risas y aplausos, y más monedas. Cuando Hannah salió por su hijo, la gente la recibió con una enorme ovación. "Aquella noche fue mi primera aparición sobre el escenario y la última de mi madre. Yo tenía 6 años y medio", escribió Chaplin.

Hannah no pudo volver a encontrar trabajo de actriz ni de cantante. Comenzó a trabajar como costurera a domicilio. Era tanta la angustia que tenía por caer en la miseria que en una ocasión le dijo a sus hijos, con una profunda tristeza: "Váyanse a otra parte, aquí no hay nada de comer". Al poco tiempo, salió a tocar las puertas de los vecinos. Cuando le abrían, decía: "Mire, le voy a hacer un regalo muy bonito". Y extendía un pedazo de carbón. Unos enfermeros se la llevaron al hospital. Cuando Charles y Sydney llegaron a la casa, la encontraron vacía. Los dos hermanos se quedaron solos y tuvieron que vivir de los pequeños robos que hacían a los negocios de Lambeth. Charles nunca olvidó esa experiencia, por eso en sus películas aparecen esas mujeres tan frágiles, que intentan soportar la pobreza y el hambre con dignidad. Cuando Chaplin se volvió un hombre exitosísimo se llevó a su madre a vivir a Estados Unidos en una casa de retiro de gran lujo. Dicen que Hannah nunca supo que su hijo era rico y que llevaba tanta alegría a las personas de todo el mundo. Tal vez en sus sueños nunca salió de la buhardilla en la que vivió junto con sus hijos, en el barrio pobre de Lambeth.

Agustín Lara
(1897-1970)

Nacido para la música

Esta es la historia de un niño encantador que tenía unas manos maravillosas, un niño muy bello, no obstante que con los años se sentiría muy feo; un niño al que le gustaba caminar por Coyoacán, pero, sobre todo, que se sentía dichoso cada vez que su padre le decía que iría de vacaciones a Veracruz. Me refiero a un personaje que nació el 30 de octubre de 1897 en Tlacotalpan y que murió el 6 de noviembre de 1970. Sí, hablaremos de Agustín Lara, el niño prodigio que aprendió a tocar el piano cuando apenas tenía cinco años y que se convertiría en el compositor más popular de México.

Aunque Agustín nunca vivió en Tlacotalpan, la conocía como la palma de su mano. Como decía el cronista del lugar, Humberto Aguirre Tinoco: "Lo más sorprendente de Agustín es que conocía aspectos de Tlacotalpan que sólo las personas que viven mucho tiempo en un sitio pueden saber". En efecto, siempre recordaba los días en que su padre, el doctor Joaquín M. Lara, lo llevaba al mar, y también tenía presente que, antes, pasaban a visitar a la familia paterna en Tlatlauquitepec, en Puebla. Ahí, Agustín visitaba a su tía Rosario Lara, quien tenía un enorme piano vertical. "¿Sabes? –le contaba con emoción–, este piano lo traje a Tlatlauqui hace muchos años". No cabe duda de que en la familia de Agustín había gran debilidad por la música, pues don Joaquín, aunque nunca aprobó que su hijo se convirtiera en compositor, era un notable pianista, actividad que sólo realizaba en familia.

La madre de Agustín, María Aguirre, pertenecía a una familia muy distinguida de Villa Nicolás Romero, en Tlalnepantla. María tenía una hermana, Refugio, a quien Agustín le decía Maquencita y que no se casó nunca, por lo que casi se sentía la madre de su sobrino favorito. Cuando Agustín cumplió seis años, su familia se fue a vivir a Coyoacán, en un edificio frente a la plaza principal. En ese entonces, se podía caminar por las afueras de Coyoacán y llegar al río Churubusco, que tenía puentes de piedra, y se llegaba a la actual calzada de Tlalpan. Ahí se encontraba el hospicio que dirigía Maquencita. Cuántas veces no iba Agustín con sus dos hermanos, María Teresa y Joaquín, a visitar a su tía.

En ocasiones, se quedaba por periodos muy largos con Maquencita. Las personas que conocieron a la tía dicen que hablaba de una manera muy peculiar, que de ahí viene el estilo de Agustín. Cuando estaba muy cansada, Maquencita llamaba a la sirvienta: "Mucama, traedme el mullido cojín en el que descansarán mis adormiladas plantas". ¿No se habrá acordado Agustín de ella cuando compuso Escarcha: "Blanco diván de tul aguardará tu exquisito abandono de mujer"?

En el hospicio de Maquencita había un antiguo armonio. Como Agustín era aún muy pequeño, una de las empleadas de la tía lo sentaba en sus piernas para que él pudiera tocar. Cuando la tía descubrió su enorme talento, llamó a los mejores maestros de piano, como Guadalupe Baeza, Luz Torres Torija y varios más. Pero todos salieron frustrados por no lograr que ese supuesto niño genio tuviera disciplina. La profesora Baeza salió furiosa, pero antes de irse dijo: "Este niño no tiene ninguna cualidad para ser buen pianista". Hasta que un profesor aseguró: "Este niño no puede aprender a tocar el piano por la razón de que ya sabe hacerlo".

¿Sabía Agustín cuál sería su destino? Cuando jugaba béisbol con sus amigos de Coyoacán, ¿se imaginaba que muchos años después le compondría una de sus canciones más conocidas al antiguo farolito que iluminaba sus juegos? Entonces, Agustín era un niño como todos, al que le gustaba jugar a ser torero. En una ocasión se quedó jugando tan tarde que, cuando llegó a casa, su padre le dijo: "A esta casa se llega temprano. ¡Si no quieres seguir las reglas, entonces vete!". Ciertamente, fue un regaño horrible, pero es muy poco probable que se haya ido de su casa a vivir un año a la Lagunilla, en donde supuestamente convivió con pandilleros, limosneros y vendedores, como tanto le gustaba decir. Lo más probable es que no haya pasado de un arranque y que se haya ido unos días con su tía a Tlalpan.

Francamente, no visualizamos a Agustín durante un año perdido en la Ciudad de México. Nos lo imaginamos, por el contrario, enamorado de las niñas de Coyoacán, San Ángel, Tlalpan o Mixcoac. El primer amor de su vida se llamó la Rorra y el segundo, Irene, que vivía en San Ángel y a quien dedicó los primeros versos que escribió:

Divina sanangeleña
que mi corazón extraña
y con obsesión te sueña.

En Tlalpan se escucharon las primeras notas que brotaron de las manos de Agustín Lara; en las calles de Coyoacán nacieron los primeros versos y ahí enamoró a las primeras "mujeres divinas". Desde entonces se dio cuenta, con toda seguridad, de que dedicaría su vida a la música y al amor. ¡No cabe duda de que infancia es destino!

AL CAPONE
(1899-1947)

CAPONE, EL HIJO

DESDE QUE GABRIEL Y TERESA SE CASARON, en su natal Italia, ya pensaban en mudarse a Estados Unidos. Cuántas ilusiones tenían de llegar a América y cumplir sus sueños. Gabriel era un humilde barbero y Teresa trabajaba como costurera. Un año después de casarse, en 1892, nació Vincenzo y, dos años después, Rafael, su segundo hijo. Ambos eran muy parecidos a su madre, con cara regordeta, una nariz redonda y cejas muy pobladas. Desde muy joven, Teresa fue una mujer de aspecto severo.

Dicen que Gabriel se puso feliz cuando supo que su mujer esperaba su tercer hijo. "¡Nos vamos a América!", anunció este joven barbero que fantaseaba con los puentes de Brooklyn.

Brooklyn, donde se instaló esta familia, era entonces una ciudad independiente, pero a punto de convertirse en parte de Nueva York. Gabriel se sintió dichoso cuando llegó con su familia a Navy Street. Le gustaba tanto su nuevo hogar que no tuvo ningún problema con el idioma. Apenas unos meses después, ya hablaba inglés. Por desgracia, no ocurrió lo mismo con Teresa, que nunca se sintió a gusto tan lejos de su natal Nápoles. Nunca se le quitó su acento italiano y siempre le costó trabajo pronunciar correctamente. A pesar de que Gabriel quería que la familia creciera, se tardó cuatro años en convencer a su esposa para procrear a su cuarto hijo. Cuando nació, el 17 de enero de 1899, Gabriel y Teresa se alegraron muchísimo. Los vecinos fueron a conocer al más joven de la familia Capone, y a felicitar a los padres, quienes comenzaban a sentirse plenamente estadounidenses, pues este niño significaba un lazo más estrecho con su nueva patria.

Las calles entonces eran muy inseguras, había muchas bandas que se disputaban violentamente los territorios urbanos y mucha pobreza en Nueva York. No obstante, esta familia estaba acostumbrada a trabajar muy duro, y sobre todo tenía muchos valores. Gabriel y Teresa veían con una enorme confianza a su cuarto hijo, Alfonso Gabriel. "Qué bonito tu hijo, Teresa –decían las vecinas–, tal vez sea un médico famoso o un comerciante". "No sé, tal vez sería bueno que el pequeño Al fuera un anticuario. O barbero como su padre", les respondía ella.

El carácter emprendedor del padre hizo que la familia ascendiera socialmente. Todavía después de Al, nacieron Erminio, Umberto, Amedeo, Rose y Mafalda. Fue importante para ellos mudarse a Garfield Place, un lugar en el que las familias irlandesas católicas poco a poco aceptaban a las familias italianas. Al Capone era el típico hijo de familia italiana, estudioso, obediente, amable, cariñoso, bueno para las matemáticas y muy aficionado a la música.

Lo que nadie sabía era que este niño ejemplar al mismo tiempo ya había formado una banda que se dedicaba a defender a las niñas italianas que eran agredidas por los irlandeses. Teresa no podía imaginar que su hijo podía noquear a sus adversarios. Tampoco sabía que Al era el terror de su escuela y fue para ella un duro golpe enterarse de que fue expulsado de la primaria por escupir al director. Teresa nunca supo que su querido hijo mandó golpear al director en represalia por esa expulsión. Pero Al Capone fue siempre un hijo ejemplar que entró a trabajar a una fábrica en la que ganaba tres dólares a la semana, los cuales entregaba a su madre. Más tarde consiguió empleo como mensajero de la Banda de los Cinco Puntos. Johnny Torrio, su líder, se percató de las aptitudes de este joven, que sabía manejar espléndidamente el cuchillo y que ganaba en todas las peleas, y que además era totalmente confiable. De esta manera, comenzó su carrera criminal el más famoso de los gánsters. Teresa nunca se imaginó que muchos años después, el 17 de 1931, iba a leer en el periódico: "Al Capone cayó preso por no pagar sus impuestos". No obstante, nunca dejó de ser un hijo ejemplar.

Jorge Luis Borges
(1899-1986)

Georgie en la biblioteca

Este recuerdo se trata de una de las infancias más literarias que se puedan imaginar, ya que pertenece a un hombre cuya existencia estuvo hecha de literatura. Puede decirse que cada uno de sus actos fue un ejercicio de estilo, cada una de sus frases estaba destinada a sobrevivir como arte e, incluso, cada uno de los días de su vida ha sido rastreado con curiosidad insaciable por sus biógrafos. Desde su muerte, hace 23 años, Jorge Luis Borges no ha dejado de leerse en ningún idioma del mundo. Incluso, no hace mucho apareció un controvertido libro escrito por uno de sus grandes amigos, Adolfo Bioy Casares, en el que se detalla a lo largo de casi dos mil páginas lo que Borges hacía día tras día. Curiosamente, Borges decía que el olvido no existía, y en su caso ha resultado cierto: como en el cuento "Funes el memorioso", sus lectores de hoy podemos evocar la vida de este autor casi momento a momento.

Dice la escritora argentina Vlady Kociancich, quien conoció al escritor, que su madre, doña Leonor Acevedo, era fundamental, en cambio casi relegó a su padre al olvido. No obstante, Borges se sentía orgulloso de su familia paterna, ya que sus antepasados tenían una gran tradición literaria; su tío abuelo, Juan Crisóstomo Lafinur, fue uno de los primeros poetas argentinos. Asimismo, un primo de su padre era el poeta Álvaro Melián Lafinur, quien logró entrar a la Academia de Letras; y su bisabuelo paterno era Edward Young Haslam, quien dirigió uno de los primeros diarios ingleses de Argentina. Finalmente, su propio padre, Jorge Guillermo Borges también era escritor, aunque sólo publicó una novela, *El caudillo* (1921). Dicen que era un lector tan autocrítico que destruyó casi todo lo que escribió; destruyó un libro de ensayos, un libro de cuentos que imitaban el estilo de *Las mil y una noches* y una obra teatral llamada *Hacia la nada*.

Cuando Borges era niño, su padre se quedó ciego; fue entonces que todos en su familia decidieron que Borges iba a tener el destino que su padre no había podido consumar; es decir, todos en la casa pensaban que el pequeño Georgie, como le decían, sería escritor. Doña Leonor, quien vivió casi 100 años, fue la compañera de toda la vida. Como decía Borges: "Fue una verdadera secretaria: contestaba mis cartas, me leía, tomaba mi dictado, y también me acompañó en muchos viajes por el interior del país y el extranjero. Fue ella, aunque tardé en darme cuenta, quien silenciosa y eficazmente estimuló mi carrera literaria".

Borges no fue a la escuela hasta que tenía nueve años, ya que su padre había encargado su educación a una institutriz inglesa, Miss Tink. No obstante, don Jorge Guillermo también estaba profundamente involucrado en la educación de su hijo. Había veces en que se sentaba con su hijo en la mesa y le hablaba de las batallas más importantes en la historia de la humanidad. "Mi padre me explicaba esas batallas sobre la mesa, con migas de pan. Ésta, decía, era la posición de los persas, ésta la de los griegos. Durante mucho tiempo yo seguí pensando en ejércitos y en barcos, en héroes y en batallas, como migas de pan". En otras ocasiones, se acercaba a Georgie y le mostraba una manzana: "Mira, Georgie, observa bien esta manzana, porque mañana te voy a hacer una pregunta sobre ella". Al otro día, volvía a sacar la manzana: "A ver, dime, ¿se trata de la misma manzana?". Con esas preguntas, su padre fue despertando el interés de su hijo en la filosofía, desde entonces Borges aprendió que hay algo indestructible en cada objeto que va dejando de ser para transformarse en otra cosa. Se dio cuenta de que había una realidad más profunda e interesante que la que veía todos los días. Y se dio cuenta de que iba a ser un niño solitario con una forma de pensar distinta a la de los demás. Desde 1901, cuando nació Norah, su única hermana, los padres decidieron cambiarse al barrio de Palermo, a una casa enorme. A pesar de que sus padres cuidaban que sus hijos no salieran a la calle, el pequeño Georgie fue conociendo las historias de los compadritos, es decir, como afirma el diccionario de lunfardo, de los jóvenes de los suburbios que mantenían la actitud valiente de los gauchos. Pero al interior de la casa, tenía contacto con la gran biblioteca de libros ingleses que poseía su padre. Ahí se familiarizó con los libros, los laberintos y los espejos. Un día descubrió un libro con un grabado de acero que representaba el laberinto de Creta. El dibujo parecía un edificio parecido a una plaza de toros con ventanas y pequeñas rendijas. "Yo pensaba –escribió

Borges– que si examinaba bien ese dibujo, con una lupa, podría llegar a ver el Minotauro".

Los laberintos siempre le causaron fascinación y los espejos fueron motivo de horror. "Los espejos –decía– son horribles porque multiplican la cantidad de hombres". ¿Pero de dónde venía esa obsesión por los espejos? "Los espejos corresponden al hecho de que en casa teníamos un gran ropero de tres cuerpos estilo hamburgués", escribió al respecto. "Yo me acostaba y me veía triplicado en ese espejo y sentía el temor de que esas imágenes no correspondían exactamente a mí y de lo terrible que sería verme distinto en alguna de ellas".

Cuando tenía seis años, comenzó a escribir tratando de imitar el estilo de Cervantes. ¿Cómo habrá sido su primer cuento, *La visera fatal*? ¿Cómo habrán sido sus primeros textos, escritos en inglés, en los que hablaba de mitología griega? ¿Y cómo sería la traducción que hizo de *El príncipe feliz*, de Oscar Wilde, y que se publicó cuando tenía nueve años en el diario *El País*? Seguramente era espléndida: cuando salió, las amistades de la familia felicitaron a su padre, pues no pensaban que Georgie fuera el autor del texto.

Cuando Georgie cumplió nueve años, su padre decidió inscribirlo en la escuela. Más que ayudarlo a tener amigos, esta decisión tuvo el efecto contrario. "Recordar mis primeros años escolares no me produce ningún placer", escribió. "Para empezar, ingresé a la escuela hasta los 9 años, porque mi padre –como buen anarquista– desconfiaba de todas las empresas estatales. Como yo usaba lentes y llevaba cuello y corbata al estilo de Eton, padecía las burlas y bravuconadas de la mayoría de mis compañeros, que eran aprendices de matones".

No cabe duda de que Borges no hubiera querido salir jamás de la biblioteca de su padre, en ella se dio cuenta de que vivir entre libros era el mejor de los destinos, pero sobre todo supo que no había mejor compañía. Con toda razón, esa biblioteca fue el recuerdo más importante de su infancia, y quizá el de toda su vida: "Si tuviera que señalar el hecho capital de mi vida, diría la biblioteca de mi padre. En realidad, creo no haber salido nunca de esa biblioteca. Es como si todavía la estuviera viendo. Ocupaba toda una habitación, con estantes encristalados, y debe haber contenido varios miles de volúmenes... Todavía recuerdo con nitidez los grabados en acero de la *Chambers's Encyclopedia* y de la *Británica*".

Pablo Neruda

(1904-1973)

El niño poeta

¿Cómo es la infancia de los poetas? ¿Tendrán una capacidad especial para guardar más recuerdos o para verlos de una manera diferente? Recuerdo que hace mucho leí un bellísimo libro de Pablo Neruda *El libro de las preguntas*, en el que el poeta se cuestionaba: "¿Dónde quedó el niño que fui antes?". ¿Qué se habrá contestado? ¿Continuamente buscaba al niño que había sido? ¿A ese niño le habrán salido hojas duras como a las alcachofas y tal vez seguía viviendo dentro de él? Me imagino que sí, que ese niño siempre siguió viviendo en él. El hombre y el niño no se llamaban igual: Neruda fue registrado por sus padres como Ricardo Eliecer Neftalí Reyes Basoalto, y en su adolescencia decidió cambiarse el nombre por el de Pablo Neruda, para que su padre no supiera que escribía versos. El padre del poeta se hubiera indignado mucho; pensaba que la poesía eran cosas "de mujeres soñadoras".

Desde muy pequeño se enteró de que su madre, Rosa Neftalí Basoalto, quien era maestra rural, había escrito versos cuando era joven. Por desgracia, Neruda nunca pudo leer esos poemas; habían desaparecido de la casa familiar. El poeta tampoco conoció a su madre, pues murió a los dos meses de que él naciera. Pasaron muchos años para que Pablo conociera algo de ella, por lo menos toda su infancia. Gracias al libro *Neruda. La biografía* (Ediciones Merán, 2003), de Volodia Teitelboim, nos enteramos de que el poeta regresó a la casa en que nació a buscar pistas de su propia vida. Ese día fue acompañado de su esposa Matilde Urrutia y de Volodia, su gran amigo. Cuando los vecinos del pueblo de Parral supieron que Neruda, el poeta más célebre de todos, iba ir a visitarlos, se reunieron en las calles para saludarlo. "Por ahí queda una viejita que conoció a su madre", le dijo uno de los habitantes del pueblo. Fueron rápidamente a la casa de esa mujer que había trabajado como profesora. Neruda se acercó a ella y la tomó de las manos: "Vengo a buscar anécdotas de mi madre, que me expliquen cómo era. Quiero saber si alguien se acuerda de ella y me diga si sabe alguna frase que haya dicho". Esta mujer vio al poeta y luego se levantó para buscar algo. Poco después, regresó con un antiguo daguerrotipo y le explicó al poeta: "Esta es la única imagen que existe de Rosita, la guardo desde que la tomaron".

Era evidente el parecido entre el poeta y la mujer de la imagen. Su vestido, aunque era negro como si estuviera de luto, tenía unos encajes que le daban cierta coquetería, pero sobre todo, lo que más llamaba la atención era el peinado "fantasista", como dice Volodia. Para Neruda, su madre fue uno de los grandes enigmas de su vida. Cuando ella murió, su padre decidió irse con su hijo a la casa del abuelo, José Ángel Reyes, quien vivía en Temuco. Y aunque ya no conoció a su madre, tuvo muchas mujeres que lo quisieron desde bebé. Por ejemplo, su abuela paterna, doña Encarnación, le buscó una nodriza entre todos los pastores de Temuco en cuanto lo recibió. Finalmente, encontró a María Luis Leiva, una joven campesina que "tenía leche abundante en sus pechos", como dice Teitelboim. Más tarde, cuando Neruda tenía dos años, su padre, José del Carmen Reyes, decidió casarse con Trinidad Candia, y dejó a su hijo viviendo en la casa de sus abuelos en Temuco. Luego de algunos años, Neruda se fue a vivir con su padre y su nueva esposa. Don José del Carmen le anunció a su hijo que Trinidad sería su madrastra. Lo que no sabía ese hombre tan duro era que su hijo vio desde el primer momento en Trinidad no a una madrastra, sino a una mujer llena de ternura. Juntos caminaban por las calles de Temuco y por los bosques cercanos pero, sobre todo, juntos platicaban por las tardes. Neruda jamás le pudo decir "madrastra" a esa mujer maravillosa. La quería tanto, que un día, cuando cumplió años, le compró una tarjeta de felicitación y al reverso escribió sus primeros versos:

> De un paisaje de áureas regiones yo escogí
> para darle, querida mamá, esta humilde postal.

Temuco, ese pequeño pueblo, ocupó un lugar muy importante en sus recuerdos. En un poema incluido en *Canto general*, su libro más ambicioso, recordaba ese lugar húmedo y lleno de vegetación:

> Mi infancia son zapatos mojados, troncos rotos
> caídos en la selva, devorados por lianas

y escarabajos, dulces días sobre la avena,
y la barba dorada de mi padre saliendo
hacia la majestad de los ferrocarriles.

El poeta recordó siempre su pueblo, y sobre todo a los indios mapuches que vivían en los campos cercanos. Cuando ganó el premio Nobel de Literatura en 1971, le dijo a un reportero que su poesía había sido muy influida por los indios de su pueblo. "En Temuco –le dijo–, se desarrolló la mayor batalla de la Araucanía. Los conquistadores españoles buscaban oro, oro, oro. Pero con los indios araucanos no pudieron lograrlo, no sólo porque eran pobres sino porque ningún pueblo de América resistió tan forzosamente a los españoles".

Pablo siempre fue un niño débil, delgado y tímido, pero podía verse ya su precoz talento poético, y era un niño tan imaginativo que a veces dejaba a sus amigos sorprendidos. Margarita Aguirre, quien escribiera *Genio y figura de Pablo Neruda* (Folio, 2003), cuenta que en una ocasión toda la familia y algunos amigos se encontraban en casa de doña Trinidad jugando a las adivinanzas. Neruda sólo veía a todos, muy calladito. "¿Y tú por qué no dices ninguna?", le preguntó doña Trinidad. Pablo, con mucha timidez, vio al patio y dijo: "Tiene lana y no es oveja. Tiene garra y no agarra". Nadie daba con la respuesta. Pablo los miraba y negaba con la cabeza. "Bueno, Pablo, ¿qué es?". El niño se paró y señaló al patio: "¿Ven? Es ese cuero de una oveja que acaban de matar y que está ahí colgando en el patio". Doña Trinidad, muy emocionada, les dijo a sus visitas: "Es un poeta, porque ve lo que nadie ve". Cuánta razón tenía su madrastra. Neruda vio lo que nadie sería capaz de ver en las alcachofas, los jabones de baño y las ruinas antiguas, y todo lo convirtió en bellísimos poemas.

Salvador Novo

(1904-1974)

Novo, el niño frente al espejo

Ahora me gustaría recordar a Salvador Novo, el escritor, el poeta y el dramaturgo que perteneció al grupo que hizo la revista *Contemporáneos* en 1928. El cronista al cual le tocó conocer una Ciudad de México llena de paseos y de anécdotas escondidas.

Al escritor que era una celebridad pública y que salía en la televisión hablando de poesía, de la historia de nuestro país o de los antiguos aztecas. El amigo de María Félix y de Dolores del Río. El escritor temido que disparaba los epigramas más certeros contra sus enemigos y contra sus amigos por igual.

El gran escritor y académico que escribió de todos los temas, de los viajes y el canto de las aves, de la publicidad y de la vida cotidiana, de pintura y hasta de su bisoñé naranja. Aquel que contara su vida semana por semana y que fascinaba con sus crónicas a escritores como Carlos Monsiváis, José Emilio Pacheco y Elena Poniatowska.

Sí, Salvador Novo, una leyenda que atravesaba caminando por las calles de Coyoacán, cuya historia sabía de memoria, y que a veces visitaba el Centro Histórico y relataba las anécdotas más curiosas de los escritores que habían vivido en esta ciudad.

Hay que decir que de este escritor burgués –como le gustaba definirse– a veces se contaban historias que escandalizaban a mucha gente. Se decía que, en ocasiones, frente a personas muy conservadoras, sacaba una polvera y se retocaba las cejas o se ponía un poco de rubor en las mejillas. Se contaba que, en cierta ocasión, cuando era joven, llegó con sandalias doradas a pasearse por el patio de la Escuela de Jurisprudencia, y que todos los jóvenes, que lo miraban incrédulos, comenzaron a insultarlo. Cuántas cosas se contaban de este escritor, pero sobre todo cuántas se murmuraban.

Puede decirse que Novo ha sido uno de los más valientes escritores de nuestro país, porque respondió al machismo de su época. Por eso Gabriel Zaid dice que Novo es "el más macho de nuestros escritores".

Cuando se cumplieron 24 años de su muerte, sus herederos dieron a conocer sus espléndidas memorias, tituladas *La estatua de sal* (Conaculta, 1998), las cuales lo pusieron nuevamente de moda.

Novo escribió sus memorias en gran medida para "autoanalizarse" y tratar de explicarse su personalidad gracias a sus conocimientos de psicoanálisis, pues como decía: "Ya no voy al psicoanalista, porque era más inteligente que él y no me ayudaba para nada".

Gracias a sus memorias nos enteramos que ese escritor tan extrovertido y hasta temerario, había sido en realidad un niño tímido y un poco enfermizo, que siempre estuvo rodeado de libros y que leía poesía.

Aunque nació en la Ciudad de México, su padre se fue a trabajar primero a Torreón, Coahuila, y luego a Ciudad Jiménez, Chihuahua, así es que cuando Salvador tenía seis años, se fue con sus padres al norte del país. Cuando Salvador Novo y sus padres llegaron al Norte, acababa de iniciar la Revolución. No se hablaba de otra cosa en su familia. Lo único que Salvador sacaba en claro de la Revolución era que unas veces había clases en la escuela y otras un profesor llegaba a la casa a dar las lecciones.

Durante una temporada, estuvo en la escuela de las señoritas Rentería, que le enseñaban religión y dibujo. En una ocasión, el niño tuvo una "experiencia" pedagógica con un profesor: "Por cuanto al profesor que venía a casa, me hacía leer y me contemplaba. Una tarde se decidió a acariciarme, y llevó su mano a mi bragueta. Con gran cautela, me preguntó cómo se llamaba aquello. Yo le respondí que el ano; porque ése era el nombre que mi madre me había enseñado a darle al pene. Como no pareció conforme con aquella alteración de la nomenclatura anatómica, por la noche traté de certificarla con mi madre. Y le referí la hazaña del profesor. Es bastante posible que su discrepancia haya provocado su despido".

Durante toda su vida, Novo hablaba con mucha insistencia de su niñez, de su madre tan joven (que sólo le llevaba 16 años) y de un asalto de los villistas a Torreón en el que había muerto asesinado su tío. ¿Pero por qué era tan recurrente la infancia para él?

Como le dijo a Carlos Monsiváis en una entrevista: "Si nos retraemos a nuestra infancia, automáticamente nos alejamos de la muerte".

Con absoluta sinceridad hablaba de sus primeras experiencias sexuales, de sus recuerdos del colegio en el que estudió en Torreón y de las veces en que se encerraba con su amiguito Napoleón para vestirse de mujer. Una vez, Napoleón dijo frente a la mamá de su amigo: "Salvador y yo somos los dos afeminados de Torreón".

En varias ocasiones, Novo organizaba sesiones para leer pasajes de estas memorias. A veces le gustaba contar de la época en que comenzó a escribir poesía: "Escribo desde los 11 años", dijo a Elena Poniatowska. "Hacía poemas burlescos para las criadas de mi casa; en especial, para una cocinera. En realidad, esos poemas eran ecos de mis lecturas, porque desde muy chico leía poesía clásica y, naturalmente, vomitaba lo que había comido". Por ejemplo, sobre Nico y Daniel, un matrimonio de sirvientes a los que odiaba, escribió:

La historia voy a contar
de un par de viejos chiricos
pasando vida de ricos
con boca de muladar.

"Maestro Novo, cuéntenos de su primer amor". "No, mejor háblenos de sus primeros poemas...", le pedían con insistencia en esas reuniones.

"No, ¿saben de qué prefiero leerles? –decía con suspicacia–, de unos niños con los que jugaba de regreso del colegio, en Torreón. Escuchen. He olvidado por completo el nombre de aquel que entre ellos me inspiró, el primero, ese tierno, puro, callado deseo de su presencia que años después traté de reconstruir en mi poema *Amor* de mi libro *Espejo*. No podría ahora mejorar esa imagen. Él no supo nunca lo que significaba para mí sentarme a su lado, sentir llegar junto a su respiración fatigada del juego una noche que nos apartaría".

"¿Y cómo dice ese poema, maestro? –continuaban inquiriéndolo. A lo que Novo respondía:

Amar es este tímido silencio
cerca de ti, sin que lo sepas,
y recordar tu voz cuando te marchas
y sentir el calor de tu saludo.
Amar es aguardarte
como si fueras parte del ocaso,
ni antes ni después, para que estemos solos
entre los juegos y los cuentos
sobre la tierra seca.
Amar es percibir, cuando te ausentas,
tu perfume en el aire que respiro,
y contemplar la estrella en que te alejas
cuando cierro la puerta de la noche.

"Pero ahora les voy a contar de la vez en que estudiaba en el kínder Herbert Spencer. Era yo un distinguido alumno, y por esa causa llegaron por mí para llevarme a una ceremonia de entrega de premios al Teatro Arbeu. Mi madre me puso un traje monísimo de terciopelo verde y me dio un organillo para que cantara una canción que decía: «Yo vengo de aquellas montañas, más allá del mar». Entonces, el maestro Justo Sierra, que era ministro de Instrucción Pública, nos entregó diplomas. Ese día me tomaron mi primer retrato para *El Mundo Ilustrado*, que mi madre guardaba con mucho celo. Mi profesora me pidió que me subiera a un excusado para que me asomara por un hueco redondo que había en la pared. Entonces, un fotógrafo me tomó una imagen con esas explosiones de magnesio que se usaban entonces".

¡Qué divertidas debieron ser las conversaciones de Novo! ¡Cuántas cosas se aprendían mientras se le escuchaba hablar de su vida y de sus lecturas!

Es interesante acercarse a la lectura de *Espejo*, un maravilloso libro de poemas en el que Novo relata las vivencias de ese niño tan tímido y sobreprotegido, que deseaba que sus padres lo dejaran ser perezoso y feliz. Porque como escribió Carlos Monsiváis: "Salvador Novo siempre reverenció la sentencia, infancia es destino".

Jean-Paul Sartre

(1905-1980)

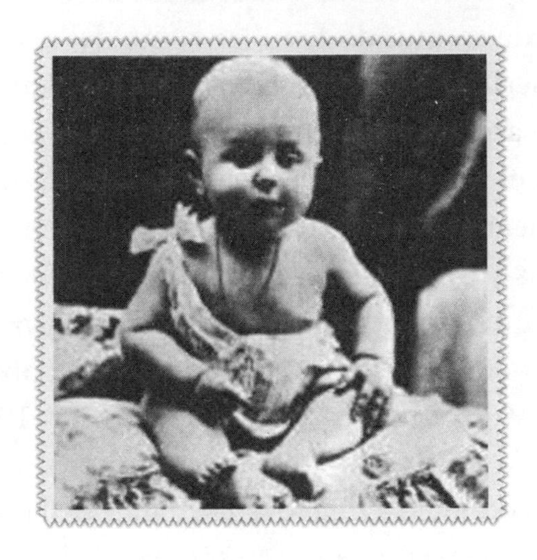

El niño y las palabras

No mostraba ninguna simpatía por el pensamiento de Sigmund Freud. Pensaba que el psicoanálisis daba demasiada importancia a la infancia como una forma de determinar la personalidad y el destino. Incluso llegó a escribir: "Un ser humano adulto no puede ni debe estar defendiendo sus defectos en hechos ocurridos durante su infancia; además de ser de mala fe, denota falta de madurez". Sin embargo, Sartre era al mismo tiempo un autor tan paradójico que dedicó uno de sus libros, *Les mots* (*Las palabras*, 1963), a narrar exclusivamente su infancia. Para muchos es una de las mejores autobiografías que jamás se hayan escrito. ¿Cuáles eran sus motivaciones?, ¿cuáles fueron los momentos que determinaron su forma de ser y que se convirtiera en escritor?

Ya desde niño los libros se habían convertido para él en una verdadera religión; de allí que se sintiera incapaz de integrarse con los otros niños, se sentía excluido y, por extraño que parezca, inferior. Sentía que eran los libros los que lo protegían tanto de su mundo familiar como del exterior.

Balzac escribió que los hechos más importantes de nuestra vida ocurren antes de nuestro nacimiento. En el caso del filósofo francés, el gran acontecimiento de su vida fue la muerte de su padre, Jean-Baptiste Sartre: "Hizo que mi madre volviera a sus cadenas y a mí me dio la libertad". ¿Quiénes eran sus padres y por qué su madre se convirtió en esclava una vez que enviudó? Su padre era un joven soldado que había entrado a la escuela naval sólo para conocer el mar. En 1904, cuando era oficial de la marina y ya estaba enfermo de la fiebre de la Cochinchina, conoció a una joven tímida y bella, Anne-Marie Schweitzer, de apenas 20 años. A esta muchacha sólo le habían enseñado a coser, estar derecha y ser educada. Cuando ya era una anciana, descubrió en las viejas fotos del álbum familiar que había sido hermosa. Como dice Sartre, cuando Jean-Baptiste la conoció, "se casó con ella, le hizo un hijo al galope, a mí, y trató de refugiarse en la muerte". Meses después de que naciera su único hijo, Jean-Baptiste murió en brazos de su esposa. Esta joven pareja se había casado casi sin conocerse, de ahí que Anne-Marie no le pudo contar nada a su hijo de ese marino melancólico.

Jean-Baptiste fue un personaje tan ausente en la vida del escritor que Jean-Paul durante mucho tiempo sólo tenía una foto de él en la cabecera de su cama: lo veía, se fijaba en su cabeza redonda y calva y en sus grandes bigotes, pero no dejaba de considerarlo una especie de fantasma. Una vez que enviudó, Anne-Marie volvió a la casa de sus padres, Charles Schweitzer y Louise Guillemin. Así, Jean-Paul conoció a su abuelo Charles, un hombre tan imponente que parecía un patriarca y, como dice Sartre, a veces lo confundían con Dios padre.

En una ocasión, entró a la iglesia a mitad de la misa. El padre se encontraba en ese momento amenazando a los feligreses: "¡Arrepiéntanse! Dios se encuentra aquí, en este momento. ¡Los está viendo a todos!". Todos vieron al anciano alto y barbudo. Dicen que todos salieron corriendo, muertos de miedo. Desde entonces, al abuelo le encantaba hacer "apariciones", en el cine, en el teatro y en la calle.

Cuando Jean-Paul y su madre llegaron a casa de los abuelos, se instalaron en un solo cuarto. Más que madre e hijo, parecían hermanos; dos hermanos que al mismo tiempo eran confidentes. Además, su abuelo los llamaba *mes enfants* (mis hijos o mis niños); "venez dejeunez, les enfants", les decía con toda la naturalidad del mundo, con la misma que Sartre pensaba que su madre era su hermana. Anne-Marie era incapaz de dar una orden a su hijo; por eso recurría a chantajes o a halagos. De tal forma que el escritor afirmaba que él "no tenía superyó".

Curiosamente, ese viejo patriarca que había aplastado la vida de sus hijos, se mostraba obsequioso y consentidor con su nieto: lo mimaba, lo cargaba y le regalaba dulces. Lo estrechaba contra su corazón y lo llamaba: "¡Tesoro mío!". Las dos mujeres de la casa se cuidaban de no ponerle reglas a ese niño tan feliz. "Estaba solo en medio de los adultos, era un adulto miniatura... Vivía más allá de mi edad como se vive por encima de sus medios, por encima de un reloj sumamente costoso". Es cierto que en esa época ya tenía una nube en los ojos y que comenzaba poco a poco a manifestarse el estrabismo. Pobre de Jean-Paul, pues aún no sabía que sería tuerto, bizco, pero sobre todo muy feo. Poco a poco, su abuelo Charles se fue mostrando incómodo con los caireles rubios de su nieto. Un día, le dijo a Jean-Paul, de siete años: "Vamos a dar un paseo". Lo condujo a una peluquería y dijo: "Vamos a darle una sorpresa a tu madre". Qué decepcionado se sintió, ¡había entregado su maravilla al peluquero y éste le devolvió un sapo!

También hay que decir que gracias a su abuelo, Jean-Paul se encontró con los libros. Desde muy niño, desde antes de que supiera leer, ya tenía familiaridad con ellos y le gustaba cargarlos y hojearlos. Como dice él mismo: "Había encontrado mi religión, nada me parecía más importante que un libro. Veía la biblioteca como un templo". De pronto, el pequeño Jean-Paul se dio cuenta de que no había nada más natural que ser escritor. Desde niño se fascinó con las palabras, eran tan importantes para él que pensaba que había descubierto primero las palabras y después el mundo.

Quizá la infancia de Sartre sea una de las más complejas. Dicen quienes lo conocieron que nunca antes había mostrado tanta dedicación por un libro como con *Las palabras*; a lo largo de una década, de los 49 a los 59 años, se había dedicado a pulir sus páginas. Tal vez en ese libro se encuentren muchas de las claves de la obra de este escritor. Dice Bernard-Henri Lévy en *El siglo de Sartre* (Ediciones B, 2001) que, con *Las palabras*, Sartre se despidió de la literatura. Curiosamente, este libro fue uno de los que mejor recibió la crítica. Y en el año de su publicación, su autor fue distinguido con el premio Nobel de Literatura, pero no lo aceptó.

¿La infancia nos puede explicar por qué no recibió el Nobel? ¿Puede dar luz acerca de su postura política? ¿Por qué era un pensador existencialista que postulaba que el hombre no tiene una esencia que lo esclavice? ¿De qué manera su niñez nos explica la relación tan peculiar que llevó con Simone de Beauvoir? Tal vez una respuesta a todas estas preguntas la da el propio autor al hablar de la ausencia de su padre: "El más autoritario manda en nombre de otro, de un parásito sagrado –su padre–, transmite las abstractas violencias que padece. Nunca en mi vida he dado una orden sin reír, sin hacer reír; es que no me corroe el chancro del poder: no me enseñaron a obedecer".

Sí, hay que decir que Sartre en todo momento se mostró alejado del poder, siempre fue un hombre modesto, sin grandes posesiones, pero sobre todo se mantuvo meditando en torno al problema de la libertad. No obstante, como dice Lévy, Sartre se revela en *Las palabras* contra su infancia, que lo llevó a tener el destino que tuvo. Sartre siempre pensó que su destino era ser escritor, pero sólo hasta que reflexionó en torno a su vida se dio cuenta de que había sido un escritor, pero sólo por seguir el destino que le había sido trazado por su abuelo. Tal vez por esta causa, luego de tantos años, Sartre pudo rebelarse contra su infancia, luego de reflexionar por tanto tiempo acerca de la libertad; y quizás por eso pensaba que los seres humanos estamos condenados a ser libres luego de enfrentarnos con nuestro pasado.

Frida Kahlo
(1907-1954)

Carta a mi querida Frida

Hace mucho tiempo que no te escribo, lo cual me duele en el alma porque si algo me gusta, es platicar contigo. Aunque tú y yo nunca nos conocimos, estoy segura que si alguien nos hubiera presentado (por ejemplo, Raquel Tibol), nos hubiéramos hecho muy buenas amigas. No obstante tengo la impresión de que sí te conozco y que sí somos amigas. Si no, cómo te explicas que basta con que empiece a dirigirme a ti, para que en seguida te sienta tan cercana. Es evidente que esto no me sucede porque ahora eres súper famosa o porque seas la pintora latinoamericana más cotizada del mundo. ¡Para nada! Antes de que toda esta "fridomanía" se diera como una plaga, tú y yo ya éramos amigas. Mira, la primera vez que fui a visitarte a la Casa Azul, creo que fue a fines de 1983, acababa de salir tu biografía de Hayden Herrera, la cual me devoré en una semana. Aunque ese domingo tú, naturalmente, no estabas en casa, fue tu espíritu el que me guió en la visita del museo. Me caíste tan bien y me sentí tan a gusto conociendo cada rincón, cada pintura y cada habitación de tu casa tan mágica que ya no me quería ir. Tenía la impresión de que ya había estado allí muchísimas veces. Por eso cuando el cuidador me dijo que ya me tenía que ir porque ya iban a cerrar el museo, yo me hacía la distraída y continuaba paseándome por la planta alta, allá donde se encuentra tu estudio y tu recámara. Desde ese día, mi querida Frida, te adopté como mi amiga, como mi hermana, como mi confidente, y hasta como mi dama de compañía. A donde iba, allí estabas tú. Comencé a leer todo lo que se había escrito acerca de ti y de tu obra, empecé a vestirme con huipiles como los tuyos, diario salía de rebozo, me compraba aretes largos, decoraba mi casa con canastas y copias de ídolos, escuchaba música de protesta y amigos que recibía de Francia o de Estados Unidos, de inmediato los llevaba a tu casa. Cuando les hablaba de ti, lo hacía con tal familiaridad y conocimiento de toda tu vida, que muchos de ellos estaban convencidísimos de que te había conocido de verdad. Entonces les mentía con mucha naturalidad y les decía: "Ay, claro, la conocí perfecto. Entonces yo era una niña, pero varias veces acompañé a mi madre a visitarla. Me acuerdo muy bien de ella. Era muy alegre y tenía muchísimo sentido del humor. Lo que sí es cierto es que adoraba a Diego. Todo el día hablaba de él", les decía convencidísima. Fue tal la empatía que sentí contigo, que cuando empezaste a ser tan famosa comenzó a molestarme tu popularidad. Cuando empezaron a surgir tantas admiradoras, me dieron celos. Yo tenía a mi Frida Kahlo y no quería compartirte con nadie. Pero lo que más me disgustaba era en el objeto de consumo en el que te estaban convirtiendo. De ahí que muchos intelectuales, escritores y artistas (sobre todo varones) se digan hartos de Frida Kahlo. No les falta razón. En fin, por lo que a mí concierne, poco a poco me he ido resignando. Lo importante es que tú y yo continuamos siendo tan amigas, ¿no crees?

Lo más curioso, Frida, es que a pesar de que te has convertido en una celebridad, de alguna manera sigues siendo una desconocida en muchos aspectos. Por ejemplo, permíteme contarte algo de lo que tal vez ya ni te acordabas... Imagínate que Diego le dio a guardar todas tus fotos a doña Lola Olmedo con la condición de que quince años después de su muerte (de la de Diego), ella las diera a conocer. Pero una vez que pasaron los años, doña Lola no se decidía. Entonces se dijo: "Si Diego no quiso dar a conocer este archivo, yo tampoco." Así es que siguieron pasando los años y cuando murió doña Lola se descubrió un montón de fotografías que habían sido tuyas. ¡Ay, Frida, no cabe duda que eres una caja de secretos! Hace poco, Pablo Ortiz Monasterio, que es un fotógrafo espléndido, revisó todo ese archivo y lo organizó como un libro al que le llamó *Frida Kahlo. Sus fotos.* Tal vez no te sientas muy cómoda de que todo mundo vea las fotos de tus padres cuando eran novios, a doña Matilde, tu mamá, disfrazada de avispa, o las fotos de tu papá, sobre todo una en la que está desnudo. Pero déjame decirte, Frida, que además de que el libro está muy bien editado y hecho con muy buen gusto, los personajes fotografiados parecen tan reales que se diría que de un momento a otro, saldrán de la foto y se pondrán a caminar como si nada. Fíjate que gracias a ellas me enteré que tu mamá, doña Matilde Calderón, fue muy importante para ti. No sabía que tu familia era casi un matriarcado, pero en todas esas fotos se ve la gran personalidad de las mujeres de la familia Calderón. Heredaste el porte tan distinguido de tu madre así como sus espesas cejas. Otra cosa que llama la atención es que el traje de tehuana, los rebozos de bolita y los vestidos mexicanos se acostumbraban mucho en tu casa; no era sólo una excentricidad tuya que tanto llamaba la atención entre las señoras burguesas de entonces. Era una forma de ser de la familia Calderón. Se ve que además, había un vínculo muy fuerte entre tu carácter tan dominante y tu madre; es cierto que con el tiempo tú te convertiste en una mujer que se sentía extraña ante la religiosidad de ella, pero cuánto lloraste cuando murió. Dicen que no parabas de llorar por ella, a pesar de que odiabas rezar antes de comer, odiabas rezar el rosario y odiabas que te persignara todas las noches.

En una ocasión, doña Matilde te mostró un álbum en el que guardaba las fotos y las cartas de un novio alemán que había tenido antes de conocer a tu papá. Tú mirabas con una gran curiosidad cada una de sus páginas. Al llegar a la última página, preguntaste qué había ocurrido con él. Y doña Matilde, con una voz muy temblorosa, te dijo que ese novio se había suicidado frente a ella. Entonces tenías once años y esa noticia te angustió muchísimo. Esa noche no pudiste conciliar el sueño, pensabas que tu madre tenía una gran fortaleza. Tal vez desde entonces intuías que era necesario tener esa fuerza para la vida. Además, era una gran administradora porque durante las épocas de pobreza (luego de la caída de don Porfirio), ella sacaba adelante la casa. Con razón, decías: "Mi mamá no sabía leer ni escribir, pero sólo sabía contar dinero."

Por su parte, tu padre, don Guillermo, ¡él sí que era cercano a ti! ¿Te acuerdas cómo más que tu papá, era tu cómplice? ¿Verdad que a nadie querías más cuando eras niña? Estoy segura que hasta tus hermanas, Matilde, Adriana y Cristina, tenían celos de esa cercanía entre ustedes dos. Aunque tenía fama de introvertido y de estar todo el día en su estudio, la verdad es que fue un gran compañero para ti, no en balde guardabas tantas fotos de él. De alguna manera, siempre te cautivaba saber que él venía de tan lejos, pues cuando tú naciste, don Guillermo tenía muy poco tiempo de haber llegado de su natal Alemania. Aquí se casó con María Cardeña, con la que tuvo dos hijas. Sin embargo, su esposa murió de parto cuando iba a nacer su tercera hija. Cuando se casó con Matilde, ésta no quiso tener a las dos hijas en su casa, así que las mandó a un convento en Cuernavaca.

En 1904, don Guillermo compró un predio en Coyoacán, cuando comenzaron a vender la Hacienda del Carmen. Tú, Friducha, naciste en 1907 (aunque muy coquetamente te quitabas tres años) y pasaste toda tu infancia en esa enorme casa. Tu papá ya era conocido por las fotografías que tomaba del patrimonio arquitectónico de México, para el gobierno de Díaz. Le fascinaba la fotografía, aunque no le gustaba tomar retratos porque decía: "A mí no me gusta mejorar lo que Dios hizo feo".

Déjame decirte, Frida, que eras una niña encantadora, con una sonrisa contagiosa y con una mirada profunda que se parecía mucho a la de tu padre. Desde entonces sabías que la imaginación iba a ser tu gran compañera en la vida. A los seis años, soplabas sobre la ventana de la casa para que se formara un vaho, y entonces dibujabas una pequeña puerta y por esa puerta imaginabas que salías a recorrer el mundo. Entonces te encontrabas con tu amiga imaginaria, una niña como tú, que tenía la misma risa estentórea que tenías tú, a la cual le encantaba bailar mientras tú la seguías y le contabas tu vida. Cuántos lugares recorrieron juntas, cuántos sitios descubrieron y cuántas historias se contaron una a otra. Finalmente, volvías a tu casa y borrabas la puerta hecha de vaho y tu amiga desaparecía.

Pero tu primer recuerdo data de cuando te llevaron al colegio; tenías entonces entre tres y cuatro años, pero fue un recuerdo tan impresionante que lo dejaste anotado en tu diario: "La maestra era del tiempo antiguo, con cabello postizo y trajes rarísimos. Mi primer recuerdo se refiere justamente a esa maestra: se encontraba parada frente al salón todo oscuro, sosteniendo en una mano una vela y en la otra una naranja, explicando cómo era el universo, el Sol, la Tierra y la Luna. Me oriné de la impresión. Me quitaron los calzones mojados y me pusieron los de una niña que vivía enfrente de mi casa. A causa de eso le cobré tal odio, que un día la traje cerca de mi casa y comencé a ahorcarla. Ya estaba con la lengua de fuera cuando pasó un panadero y la libró de mis manos." Pero la experiencia más impresionante de tu infancia, más que el descubrimiento del universo, fue la enfermedad, la otra compañera de tu vida. Puede decirse que se instalaron sobre la cabecera de tu cama para no abandonarte nunca: eran la imaginación y la enfermedad. La primera luchaba contra la segunda, pero en muchas casos, esta última se imponía y te hacía sufrir intensamente. A los seis años comenzaste a sentir un terrible dolor en la pierna derecha, y resultó que era la poliomielitis. Durante meses estuviste en cama, mientras te consentían tus padres. Fue entonces que te prometiste que esa enfermedad no iba a dañar tu personalidad. Decidiste que seguirías riendo a carcajadas igual que siempre, que ibas a demostrarle a todos que seguirías siendo la misma Frida. A veces eras retraída, y a veces adquirías toda la fuerza necesaria para enfrentarte a todos los niños que decían que tenías "una pata de palo". Siempre seguiste siendo esa niña que al mismo tiempo era temeraria y frágil, valiente e introvertida.

Querida Frida, sin sentirlo me puse un poco nostálgica evocando tu infancia. Además, me llené de ternura gracias a todas las fotos que salieron de tu Casa Azul y que ahora pueden hojearse en un maravilloso libro. Qué ganas tengo de ir a visitarte a tu Casa Azul, en donde se siente tu presencia. ¿Sabes una cosa? La puerta por la que se entra a tu museo es como esa puertita de vaho que formabas para salir a correr por las calles, acompañada de tu imaginación. De la misma manera, uno siente que entra a un mundo lleno de colores y de imágenes entrañables. Cuando te voy a visitar a tu casa siento que de veras te conocí, que de veras te fui a ver con mi madre, y que de veras escuché tus carcajadas, cuando platicabas feliz de la vida. Por eso ahora que he mirado y mirado tus fotografías, me siento tan contenta. Sí, Frida, cómo me gusta platicar contigo y escribirte. Estoy segura que te da mucho gusto que después de tanto tiempo se puedan ver estas imágenes de tu vida, de tu familia y de tus amigos. No quería desaprovechar la ocasión para escribirte esta carta y contarte todo lo anterior. Por último, te puedo decir que entre más pasa el tiempo, más presente te tengo y más nostalgia me da nuestra amistad imaginaria... te quiere y extraña, tu amiga...

Julio Cortázar

(1914-1984)

El niño triste

En la foto se observa su cara redonda, extrañamente expresiva y, sobre todo, una mirada enigmática. Lo primero que llama la atención son sus ojos claros y profundos, como la mirada inteligente de un gato. No se pensaría que se trata de un niño feliz; al contrario, no obstante de que apenas tiene dos años, parece que ya lo acompaña una gran soledad. Lo que más sorprende es la absoluta seriedad de su rostro. ¿Por qué sus padres no le pidieron que sonriera?, ¿por qué ve con tanta atención hacia la cámara? Aunque esta fotografía fue tomada en Barcelona, una ciudad de clima más bien templado, es evidente que sus padres prefirieron cubrirlo con un grueso abrigo. ¿Desde entonces provenían las constantes preocupaciones que Julio Cortázar sentía por las enfermedades?

"Tuve una infancia en la que no fui feliz y esto me marcó muchísimo", escribió el autor de *Rayuela*. Pareciera que esa falta de alegría la quiso suplir en todas sus novelas y en sus cuentos, así como en las fotografías que le gustaba tomar y en las cartas que enviaba a sus amigos para divertirlos. Cuando Julio llegó al mundo, el 26 de agosto de 1914, la Primera Guerra Mundial estaba empezando. Apenas unos días antes, el 28 de julio se había cumplido el ultimátum del Imperio austrohúngaro contra Serbia, con lo que inició esta terrible guerra que dejó millones de muertos. El padre del escritor era un diplomático argentino que trabajaba en la representación de su país en Bruselas. Así es que accidentalmente Julio nació en esta ciudad. En una carta que le dirigió a la estudiosa Graciela de Sola en 1963, Cortázar le contó acerca de esos días: "Mi nacimiento fue un producto del turismo y la diplomacia; a mi padre lo incorporaron a una misión comercial cerca de la legación argentina en Bélgica, y como acababa de casarse se llevó a mi madre a Bruselas. Me tocó nacer en los días de la ocupación de Bruselas por los alemanes".

Asimismo, cuando platicaba con sus amigos, Julio decía: "Nacer en plena guerra dio como resultado a uno de los hombres más pacifistas que hay en este planeta".

Poco después, el padre del escritor pudo salir de Bélgica rumbo a Suiza acompañado de su esposa, María Herminia Descotte. Ahí, el matrimonio tuvo a otra hija, Ofelia. Cuando terminó la guerra, finalmente la familia Cortázar pudo regresar a su país. No hay que olvidar que aunque el escritor nació en Bélgica, fue registrado como argentino en el consulado. No obstante, como sus primeras palabras las aprendió en Europa, siempre pronunció las erres a la francesa. "¿Saben?", comentaba con cierta ironía, "mi forma de pronunciar me ha costado muchos contratiempos. Una vez, cuando trabajaba en Francia como locutor de las noticias francesas en español, llegó una carta del concesionario de México para decir que si no me corrían de inmediato, dejarían de pasar el programa en la radio. Como se imaginarán, me corrieron en ese instante".

Sí, Julio desde niño fue tímido, con una gran tendencia a la introspección. De los dos años que pasó en Barcelona, el único recuerdo que le quedaba eran las borrosas imágenes del parque Güell, de Gaudí, en donde iba a jugar con su mamá y su hermana. En 1918, cuando terminó la guerra, los Cortázar pudieron regresar a Argentina y entonces decidieron instalarse en un antiguo barrio del sur de Buenos Aires llamado Banfield. Julio era apenas un niño de cuatro años que comenzaba a escuchar los tangos del barrio, que oía por primera vez la manera de hablar de los argentinos, que se iba enterando poco a poco de los boxeadores de la ciudad, que comenzaba a enamorarse de los cipreses de Buenos Aires y que aprendió a jugar rayuela en las calles de Banfield. Dicen que las calles de ese barrio, sus amigos de la infancia, pero sobre todo ese ambiente al mismo tiempo familiar y extraño, aparecen a lo largo de todos sus cuentos y sus novelas.

"Crecí en Banfield, en una casa llena de gatos, perros, tortugas y cotorras. Era el paraíso". Sí, como decía Julio, ese paraíso era un pueblo con calles de tierra, en las que a lo lejos se veía pasar el ferrocarril. Era un paraíso que se llenaba de langostas de todos los colores durante las tardes del verano. Y era el lugar en donde estaba el jardín que se describe en el bellísimo cuento autobiográfico "Los venenos", que trata de una máquina de matar hormigas y del primer desamor de su vida.

Todavía no tenían ni dos años en Argentina, cuando su padre desapareció. "Pero, mamá, ¿a dónde está mi papá?", preguntaban los dos hermanos con mucha extrañeza. "No sé, desapareció", decía Herminia con sequedad. Entonces, ella era una joven de apenas 25 años con dos hijos a los cuales mantener. Por esta causa, la familia se fue a vivir con la abuela materna y con una prima de Herminia. No hay que olvidar que en todos los cuentos de Cortázar hay un universo femenino protector y misterioso. Como la Maga de *Rayuela*, la única sensible frente a un mundo masculino que no la comprende. Como es natural, Julio siempre tuvo una enorme cercanía con su madre; la necesitaba tanto que donde quiera que se encontrara, Julio nunca dejó de escribirle muchas, muchas cartas.

Cuando Herminia era una mujer mayor, se angustiaba pensando en el destino de esas cartas. "¿Quién entiende mejor a mi hijo que yo?", se preguntaba, "todo lo que nos escribimos sólo tiene sentido para nosotros". Era como si entre madre e hijo existiera una complicidad, un lenguaje propio que nadie entendiera. Tal vez se escribían en "glíglico", es decir, en el idioma creado por Julio en el capítulo 68 de su novela *Rayuela*, un idioma que sólo los que se quieren son capaces de comprender: "Apenas se entreplumaban, algo como un ulucordio los encrestoriaba, los extrayuxtaba y paramovía, de pronto era el clinón, las esterfurosa convulcante de las mátricas, la jadehollante embocapluvia del orgumio, los esproemios del merpasmo en una sobrehumítica agopausa". Pero, sobre todo, tal vez se escribían con tanta profusión para no hablar del gran ausente: su padre. Tal vez esta ausencia fue la más significativa de su vida. Dice Mario Goloboff, en su magnífico libro *Julio Cortázar. La biografía* (Seix Barral, 1998), que en la familia sólo se decía que "había aparecido otra mujer" y que Julio nunca lo quiso, nunca lo trató y nunca se refirió a él. Sólo en una ocasión, cuando el novelista publicó su primer libro, recibió una carta en la que su padre le prohibía usar su nombre.

Otro de los sucesos que marcaron la infancia de Cortázar fue la enfermedad de su hermana, Ofelia, pues desde muy niña tuvo episodios de epilepsia. El propio Julio era un niño con asma y con problemas de bronquitis. Dice Goloboff que los vecinos de la familia los describían como hipocondriacos. Todos estaban obsesionados por las medicinas y por toda clase de síntomas. En una ocasión, mucho tiempo después, cuando iba a salir de viaje con su esposa, Aurora Bernárdez, Julio salió de la casa con un botiquín. "¿Pero cómo es que vamos a salir cargando con todo eso?", le preguntó. "Pero, Aurora, se trata de una previsión in-dis-pen-sa-ble", le respondió Julio con total seriedad.

Dicen que desde que era niño, Cortázar pensaba que le crecían pelos en la garganta. Pero con los años no sólo lo creía, sino que estaba completamente convencido. Así es que esta convicción lo llevó a escribir el cuento "Carta a una señorita en París", en la que una joven comienza a vomitar conejos.

De todas sus experiencias infantiles, tal vez la más determinante fue su encuentro con los libros. Su mamá se alarmó mucho cuando descubrió que a los dos años Julio ya había aprendido a leer por su cuenta y hasta lo llevó al doctor. Como el médico respondió que no se trataba de ninguna enfermedad, su madre comenzó a leerle las novelas de Julio Verne y a contarle todas las historias que le pasaban por la cabeza. A veces, se sentaban en el jardín a ver pasar las nubes y hablar de las formas que iban tomando. ¡Qué bueno que Julio supo transformar esa infancia más o menos triste en la felicidad de sus millones de lectores!

Octavio Paz
(1914-1998)

En la casa del abuelo

¿Cómo era Mixcoac en los tiempos de la Revolución? ¿Cómo habrán sido sus calles empedradas y sus callejones? ¿Cómo era durante los fines de semana, cuando servía como lugar de descanso para la burguesía mexicana? Si todavía hoy es un lugar sumamente tranquilo, me imagino que hace 90 años era un sitio idílico, lleno de murmullos y silencios. Dicen que en la bellísima casa del siglo XVIII que se encuentra en el centro de la plaza vivió Valentín Gómez Farías, quien fuera presidente de México en cinco ocasiones, entre 1833 y 1847. Como este presidente limitó el poder de la Iglesia, cuando murió, en 1858, le fue negada la sepultura en el cementerio, así que fue enterrado en la huerta de su casa de Mixcoac, hasta 1933, cuando su cuerpo fue llevado a la Rotonda de los Hombres Ilustres.

Ahí, junto a esta casa, vivió el poeta Octavio Paz durante 23 años. Ahí pasó la mayor parte de su infancia, ahí se acercó por primera vez a la lectura, pero sobre todo, ahí vivió con su abuelo, el periodista Ireneo Paz. Los conocedores de su obra afirman que uno de sus principales contenidos es la memoria del niño que vivió en Mixcoac, entre los recuerdos de su familia, la Revolución mexicana, en especial en medio de la soledad que lo rodeaba en la vieja casona de su familia. En su libro *¿Águila o sol?*, el poeta describió el jardín de su niñez, ese jardín que se encontraba muy cerca de la biblioteca de su abuelo: "Sueños insensatos y lúcidos, geometría y delirio entre las altas bardas de adobe. La glorieta de los pinos, ocho testigos de mi infancia, siempre de pie, sin cambiar nunca de postura, de traje, de silencio".

Muy cerca de ahí (en donde hoy se encuentra el Parque Hundido), se encontraba la ladrillera de donde salían las altas torres de humo que el pequeño Octavio veía desde el jardín de su casa. Esa fábrica, que aparece en algunos de sus poemas, era imprescindible en el paisaje del barrio, pues muchas personas de los pueblos cercanos vivían del transporte de ladrillos. "Cada año armaban los «castillos» para celebrar la fiesta de la Virgen de Guadalupe y las otras fechas religiosas y patrióticas del pueblo. Cubrían la fachada de la iglesia con una cascada incandescente. Era maravilloso", escribió el poeta.

Cuántos recuerdos le traían a Paz esos sitios. Cuántas veces se acordaba del barrio de su niñez mientras andaba por el mundo como diplomático. Cuando regresó, muchos años después, vio que no quedaba casi nada del Mixcoac de su infancia y escribió un poema bellísimo, *Epitafio sobre ninguna piedra...*:

Mixcoac fue mi pueblo: tres sílabas nocturnas,
un antifaz de sombra sobre un rostro solar.
Vino Nuestra Señora, la Tolvanera Madre.
Vino y se lo comió. Yo andaba por el mundo.
Mi casa fueron mis palabras, mi tumba el aire.

Cuando el poeta era muy pequeño, su padre, Octavio Paz Solórzano, "se fue a la Revolución", como se decía, a pelear por la causa de Emiliano Zapata. Entonces, con su madre, se fue a vivir a la casa de don Ireneo Paz a Mixcoac. Para esas épocas, don Ireneo ya era un hombre mayor. De joven había sido un periodista combatiente de la época de la Reforma y el Porfiriato. No obstante, a causa del zapatismo de su hijo, don Ireneo recibió las represalias del general Pablo Escobar, quien mandó quemar la imprenta que el periodista tenía en su casa. Dicen que a los 80 años, este acto fue un duro golpe. Así es que seguramente Octavio vio a su abuelo triste y abatido. Lo que más le llamaba la atención de este hombre que había vivido otras épocas era su biblioteca. Como dijo Paz: "El misterio de la vocación (porque es un misterio) tiene que ver con la infancia. En mi caso fue decisiva la presencia de mi abuelo, Ireneo Paz, que era escritor. Yo lo veía leer y escribir todos los días. Sabía que había escrito memorias, novelas, de modo que fue un poco el modelo".

En esa casa que tenía una gran terraza y losetas en forma de rombos, llena de cuartos y recámaras vacías, con sala de esgrima, estaba la gran biblioteca del abuelo. "Mi abuelo tenía atriles con fotografías de autores de la época. Ahí podías ver fotos, o bien grabados, por ejemplo, de Victor Hugo y otros escritores franceses. Pero no solamente franceses, también había hispanoamericanos, mexicanos... Estaba Pérez Galdós, que era uno de sus modelos". A veces, mientras don Ireneo se encontraba leyendo, llegaba su nieto para acompañarlo en la lectura. En ocasiones quería leer a Quevedo o a Cervantes, pero no alcanzaba a entender bien lo que querían decir esas páginas. Entonces su abuelo le comenzaba a contar historias, tal vez le contaba de Benito Juárez o de la guerra contra los franceses, o tal vez le relataba las historias que leía en los libros de Chateaubriand o Hugo. Fue entonces cuando el pequeño Octavio descubrió que leer es una forma de viajar. Se dio cuenta de que leer es viajar con el cuerpo quieto pero con la mente completamente despierta. Sobre todo, supo que leer era penetrar en la fantasía de los otros.

Parecía como si los fantasmas recorrieran los cuartos de esa casa. Y uno de esos fantasmas era el de su tía Amalia, la hermana de su padre. Dicen que esa tía tenía un álbum en el que había conservado sus poemas favoritos. Dicen también que ahí estaba un poema escrito por Manuel Gutiérrez Nájera dedicado a Amalia. Muchas veces, principalmente en las tardes, Octavio entraba al cuarto de su tía y se ponía a hojear el libro y a leer los poemas de los amigos de la familia. A veces, Amalia le preguntaba a Octavio acerca de sus lecturas y platicaban toda la tarde. Si algo deambulaba por esa casa era la literatura. Tal vez era la única compañera de ese niño tan curioso. Por eso es que el diccionario se convirtió en su "hermano mayor", como él decía. Gracias al diccionario se enteró de que la palabra *troène* quiere decir "alheña" y "alheña", a su vez, significa "ligustro". Desde entonces, se dio cuenta de que las palabras necesitaban ser desentrañadas y que el poeta es el encargado de hacer que las palabras dejen ver lo que tienen adentro.

"Un día, tendría siete u ocho años, me descubrí escribiendo un poema", escribió el poeta. "Un poema ingenuo y torpe. Poco después, a los nueve o diez años, leí que le habían preguntado a Alejandro Magno, cuando era niño: «Tú ¿qué quieres ser: el héroe Aquiles o su cantor Homero?». Alejandro respondió: «Prefiero ser el héroe a la trompeta del héroe». Esa respuesta me conturbó, porque para mí Homero no era menos, sino más importante que Aquiles. Sin Homero no habría Aquiles". Cuando Octavio tenía seis años, su padre fue nombrado representante de Zapata en el sur de Estados Unidos. Entonces, viajó con su madre para alcanzar a su padre en Los Ángeles. Ahí se dio cuenta por primera vez de la diferencia de los mexicanos ante el mundo tan ajeno de Estados Unidos. Ahí se dio cuenta de la diferencia entre el español y el inglés. Pero sobre todo, se dio cuenta de que había una soledad que era como un laberinto. El primer día de clases, en el colegio El Zacatito, tuvo un pleito con sus compañeros: "Se rieron porque no pude decir *spoon* a la hora del *lunch*". Cuando pidió una cuchara para comer, los demás niños comenzaron a gritar, en medio de risas y burlas: "¡Cuchara, cuchara!" Todavía, durante el recreo, los niños se acercaban y le gritaban: "¡Cuchara!". "Todo terminó en puñetazos. No volví a la escuela durante quince días; después, poco a poco, todo se normalizó: ellos olvidaron la palabra cuchara y yo aprendí a decir *spoon*". Pero lo que nunca, nunca pudo olvidar Octavio fue la sensación de soledad, esa que pudo finalmente desentrañar con los años, cuando escribió *El laberinto de la soledad* (1950). Esa soledad que en lugar de abandonarlo se convirtió en una fiel compañera, porque sólo en la soledad se puede leer y escribir poesía.

Elena Garro
(1917-1998)

Partícula revoltosa

Cuando Emmanuel Carballo le preguntó a Elena Garro si creía en la felicidad, ella le contestó: "Sí, porque me acuerdo que la practiqué en la infancia".

Cuántas veces no me la platicó cuando la visitaba en Cuernavaca. En efecto, así surgió llena de sueños y travesuras, en Iguala, Guerrero, pero, sobre todo, sumergida en la libertad. Era tan feliz Elena al lado de su hermana Deva y de sus padres, que tal vez esa niña que fue nunca murió en ella. Sí, esa niña que era tan rebelde que no sentía remordimientos, no dejó de existir jamás. Elena fue traviesa toda la vida, y cuando ya era muy mayor se lamentaba de no poder jugar en el suelo o salir a correr por las calles de Cuernavaca. Por eso, en una ocasión dijo: "Existe en mí una niña interior y es muy feliz; vive entre rehiletes y carruseles, jugando con sus amigos y hermanos, corre y pasa el día comiendo algodones de azúcar que venden en los parques".

Con qué alegría recordaba esos años de su infancia, casi idílicos en su memoria, al lado de sus padres, José Antonio Garro y Esperanza Navarro, personajes que siempre vivieron fuera de la realidad y que le enseñaron la imaginación, el amor a los animales, el baile, la música, el orientalismo y el desdén por el dinero. "Eran dos fracasados que llevaron a sus hijos al fracaso", escribió Elena en las cartas que envió a Emmanuel Carballo y que se encuentran en el libro *Protagonistas de la literatura mexicana*. "A mis padres sólo les gustaba leer y a sus hijos no nos gustaba comer". Les tenía sin cuidado qué comieran sus hijos, porque a doña Esperanza sólo le gustaba comer pasteles y dulces. Y don José Antonio, cuando veía a sus hijos sin apetito, ordenaba a la cocinera: "Hágales papilla a estos niños, porque les da flojera comer otra cosa".

Ahí en la casa, estaban los mozos y las empleadas domésticas; a todos quería Elena y todos la consentían: don Félix, Rutilio, Antonio, Fili, Tefa, Ceferina y Candelaria; pero también su primo Boni y sus tres hermanos. Cuando Elena se casó con Octavio Paz, le platicó del mundo tan maravilloso de su infancia, el poeta le dijo: "Así es, Elena, se trata de una célula de explotación". ¡Qué raro!, pensaba ella, ¿de manera que mi "paraíso perdido" es una "célula de explotación"?

Desde entonces, Elena creía en Dios y en la Virgen, así como en todo el santoral. Pero de la misma forma, conocía todo acerca del zodiaco. De su hija, Helena, sabía que era sagitario y que por esa razón siempre había sido cerebral, mental e inteligente, aunque su ascendente en géminis le daba una doble personalidad. Desafortunadamente, Elena se quitaba tantos años que no podemos saber a ciencia cierta en dónde se encontraban los astros el día que nació, y tampoco nos es posible decir cuál era el santo que la protegía, pues aunque nació un 11 de diciembre, día de san Dámaso, Elena tenía mucha devoción por san José, que se festeja el 19 de marzo, día en que murió su padre, la persona a la que más quiso.

Aunque puede decirse que Elena fue una mujer religiosa, nunca sintió remordimientos por nada. Cuando una idea se le metía en la cabeza, era inútil razonar con ella. Las monjas que le daban clases se llenaban de estupor cuando se enfrentaban ante esta niña llena de tanta desfachatez y necedad. "Mira, Elena, con esa conducta tuya ofendes a Dios Nuestro Señor; cada acto de necedad es como si clavaras una espina en el Sagrado Corazón de Jesús. Para que veas el dolor que le causas, vas a tomar una espina y la vas a clavar en la imagen de su corazón". Ella tomó la espina que le extendió la hermana y se lo clavó al Corazón de Jesús que se encontraba sobre el escritorio. "¿No te dan remordimientos?", le preguntaban. "No", respondía Elena con indiferencia. Incluso, su padre le preguntaba: "Elena, ¿no tienes remordimientos?". Pero Elena vivió siempre sin culpas y sin arrepentirse de nada.

Cuando vivían en Iguala, varias de las familias más ricas del pueblo dieron dinero para hacer una escuela. El padre de Elena la envió a clases para dar el ejemplo a todos los habitantes. Lo que no sabía era que esa niña sólo iba a dar malos ejemplos. A veces se paraba a mitad de la clase de la maestra Macrina y decía: "Ya me voy, ya me aburrí". Se trepaba por una cuerda que estaba afuera del salón hasta una ventanita que se encontraba pegada al techo del salón. Como la profesora era tan tímida, nunca la acusó con su padre. Pero un día en que estaba a punto de subirse por la cuerda, la vio un inspector y le dijo: "A ver, niña, bájate. ¿Te crees muy importante? Ah, ya sé, es que eres la riquilla del pueblo, ¿no? Pues, sabes qué, vas a hacer una composición como todos tus compañeros sobre el Día del árbol". Dice Elena: "La hice y para mi desgracia gané el concurso. El Día del árbol se reunieron en la plaza las autoridades civiles y militares en una tribuna de honor".

Elena, vestida con su traje blanco, nuevecito, se encontraba parada junto al estrado, del brazo de Rutilio, el mozo de la casa. Estaba furiosa por haber ganado, así que muy quedito se acercó a Rutilio y le dijo: "¡No la leo!". "Sí la lees, tengo permiso de tu papá de darte un coscorrón en la cabeza en público". Cuando el maestro de ceremonias dijo: "Ahora escucharemos a la niña Elena Garro Navarro, quien nos va a leer su composición del Día del árbol", Rutilio la cargó y la puso sobre el primer escalón. Pero apenas terminó su lectura, Elena corrió a su casa, así es que Rutilio recibió las felicitaciones. De esta manera, comenzó su carrera literaria.

En su niñez conoció el teatro, porque entre los libros de sus padres se encontraban las obras de Lope de Vega, Calderón de la Barca, Tirso de Molina, Eurípides y Sófocles. Entre sus juegos se encontraba el gusto por escribir obras y representarlas con sus hermanos y sus primos. Todos sus juegos eran una mezcla de diversión y crueldad.

En algún momento, una nube cubrió la vida feliz de Elena. ¿Cuándo ocurrió este ensombrecimiento? Elena se acordaba de haber sido feliz en su infancia, y por eso seguía creyendo en la felicidad a pesar de que su niñez había quedado tan lejos. Era feliz cuando corría por el campo gritando "¡Viva Cristo Rey!" hasta enronquecer un día que pasó el padre Pro por el pueblo. Era feliz cuando organizaba piras enormes en el jardín de su casa, cuando nadaba todo el día hasta que la piel se le arrugaba, cuando corría por Iguala con su perro Toni o cuando organizaba kermeses con sus primas para no ir a clases. Era feliz hablando de cine con su tía Lidia, la cual se parecía a

Greta Garbo, o examinando el revés de todas las cosas. Pero, sobre todo, era feliz evocando toda esa infancia que se había perdido para siempre. Esa es la causa por la que el tiempo se detiene en el pueblo de Ixtepec, el pueblo de su novela *Los recuerdos del porvenir* (1963), una recreación literaria de aquel Iguala de su niñez. Esa fecha era la misma en la que el tiempo se detuvo para Elena Garro.

Si con alguien estuvo agradecida Elena en su vida fue con sus padres. "Me permitieron desarrollar mi verdadera naturaleza, la de «partícula revoltosa», cualidad que heredó mi hija, Helenita, y que los sabios acaban de descubrir. Estas «partículas revoltosas» producen desorden sin proponérselo y actúan siempre inesperadamente, a pesar suyo. En mi casa podía ser rey, general mexicano, construir pueblos con placitas, casas, calles, cuartel e iglesia en el enorme jardín por el que paseábamos en burro o a pie. Por eso creo en la felicidad, porque la practiqué en mi infancia".

Juan Rulfo
(1917- 1986)

Niñez reconstruida

El niño del que hablaremos nació en Sayula, Jalisco, en 1917. Curiosamente, para nada le gustaba decir que había nacido en ese lugar. En esos años, cuando a alguien se le decía que "era de Sayula" equivalía a insinuar que esa persona era homosexual y hasta circulaba un poema llamado *El ánima de Sayula* de 1897, en el cual se hablaba de un falso fantasma que daba dinero a cambio de tener relaciones con aquellos hombres que llegaban a buscarlo al panteón. No obstante, Federico Munguía, cronista de esta ciudad, dice: "En Sayula, la producción de homosexuales nunca fue apreciable, y desde que salió *El ánima de Sayula*, yo creo que menos".

Durante muchos años este personaje decía a sus amigos y a los periodistas que había nacido en muchos otros sitios, en 1918, pero no en Sayula. A veces decía que había venido al mundo en Apulco, Tuxcacuesco, Zapotlán el Grande, Autlán y San Gabriel. Sobre este último, dijo: "En realidad yo me considero de ese lugar. Allí pasé los años de mi infancia". Decía tantos lugares que, a veces, la gente lo miraba con profunda desconfianza; tal vez por esa causa, en una ocasión ya un poco harto, exclamó: "Miren, yo soy de un pueblo que lo ha perdido todo, hasta el nombre".

Pero hay que decir que quien en realidad perdió su nombre fue este niño que cuando nació fue registrado como Juan Nepomuceno Pérez Vizcaíno. Hoy todos lo conocemos como Juan Rulfo. La tierra donde nació Juan era árida e inclemente, pero sobre todo tan caliente que puede decirse que en esa región no existe el invierno. Cómo habrá sido Sayula que el nombre de esta ciudad significa "lugar de moscas". "Pero yo nunca he vivido en Sayula –decía–. Mis padres me registraron allí. Porque yo nací en la época de la Revolución. Pero yo nunca he vivido en Sayula. No conozco Sayula. No podría decir cómo es".

Juan y su familia (tuvo cuatro hermanos) viajaron por todos esos pueblos, pero cuando Juan estaba a punto de cumplir cuatro años, sus padres decidieron instalarse en San Gabriel. Ahí pasaron los dos hechos más importantes de su infancia: la muerte de su padre y su enamoramiento de la niña que le inspiró a Susana San Juan, la protagonista de Pedro Páramo. "La vida del hombre –decía el propio Rulfo– está hecha desde su niñez. Lo que le pueda pasar después no tiene mayor importancia".

Corría el año de 1923, Juan acababa de cumplir seis años cuando llegaron varias personas a la casa y despertaron a toda la familia con una noticia terrible: don Juan Nepomuceno, el padre del escritor, acababa de ser asesinado en una cantina en

Tolimán. En ese momento, Juan estaba dormido, soñaba que tenía un venado en los brazos. "Un venado dormido, pequeño como un pájaro sin alas; tibio como un corazón quieto y palpitante, pero adormecido", escribió Rulfo muchos años después, cuando recordó este episodio. En el libro *Un tiempo suspendido. Cronología de la vida y la obra de Juan Rulfo* (Conaculta, 2008), su autor, Roberto García Bonilla, recoge varios testimonios acerca de la muerte del padre de Rulfo. Unos dicen que murió asesinado cuando atravesaba el arroyo La Agüita, otros, que fue en una hacienda. Como ocurre con la vida de este escritor tan misterioso, nadie se pone de acuerdo en las cosas que le ocurrieron.

El propio Juan tenía su muy particular versión. En una entrevista, dijo que a su padre lo mataron unas gavillas de bandoleros que había por ahí, por asaltarlo nada más. Gracias a una nota de *El Universal* que García Bonilla reproduce en su libro, nos enteramos de que don Juan Nepomuceno tenía el problema de que sus vecinos llevaban a pastar ganado a San Pedro Totzín, como se llamaba su hacienda. Así es que decidió que cada animal que pastara sin permiso, sería encerrado en un corral y además se cobraría una multa de un peso por cada uno. En una ocasión, dos animales de un señor llamado José Guadalupe Nava fueron encerrados por pastar en la hacienda de los Rulfo. Se cuenta que Nava fue a recoger a sus animales y a pagar dos pesos, pero lo hizo tan enojado que cuando salió iba gritando insultos y profiriendo algunas bravatas, como dice el periódico. En la noche, los dos hacendados se encontraron en una cantina. Nava se colocó detrás del padre del escritor y con su carabina le disparó en la cabeza.

Qué terrible fue esta muerte para Juan. Cuando llegaron a avisar, los vecinos le dijeron: "Levántate. Tu padre está aquí, tendido. Ya son las tres de la mañana". Juan volteó a ver a su alrededor y sólo vio a su madre, llorando inconsolable. Entonces él se puso a llorar también. Lloraba por su padre que lo quería tanto, por su madre que desde entonces iba a quedar sola, pero sobre todo lloraba por él mismo, porque desde entonces tendría una desolación y una soledad que con nada se le quitaría. Doña María Vizcaíno, la madre de Juan, fue a pedir caballos para poder llevarse a su esposo a San Gabriel para que lo velaran y lo enterraran ahí. Toda la noche, la familia fue por el camino hacia San Gabriel. Dicen que a la mitad de la noche sólo se veían sus antorchas encendidas.

Cuando llegaron a San Gabriel, don Severiano, el abuelo de Juan, ya estaba esperando el cadáver de su hijo. "¿Y ahora qué va a pasar? ¿Qué va a hacer usted con la hacienda?". Don Severiano miró con mucho rencor a la persona que le hizo esa pregunta, escupió al suelo y luego respondió: "¡Que se hunda! ¡La hacienda de San Pedro se hundirá en el olvido!". Así ocurrió. Al poco tiempo, la hacienda fue mandada quemar y hoy nadie sabe que en esa zona mataron al padre del mejor escritor de Jalisco.

Lo que nunca pudo olvidar Juan Rulfo fue la imagen de su madre abrazando el cuerpo tendido de su padre. Desde entonces, decidió refugiarse en el silencio, pero sobre todo en los libros. Además, cuando Juan tenía 10 años, su madre murió. Dicen que lo único que le heredó fue la tristeza. Tal vez desde entonces la tristeza fue su gran compañera, la que nunca lo dejó y la presencia más fiel de toda su vida. Fue por ese tiempo que lo inscribieron en el orfanatorio Luis Silva, en Guadalajara. Juan recordaba que ahí aprendió a deprimirse y siempre guardó mucha nostalgia de ese lugar. "El hecho de querer evocar esos años es lo que me ha obligado a escribir".

Cuando vivía en el orfanato, Juan conoció a una joven, casi niña. En una ocasión Rulfo habló de ella y de cómo le inspiró Pedro Páramo: "En lo más íntimo, Pedro Páramo nació de una imagen y fue una búsqueda de un ideal que llamé Susana San Juan. Susana San Juan no existió nunca: fue pensada a partir de una muchachita a la que conocí brevemente cuando tenía 13 años. Ella nunca lo supo y no hemos vuelto a encontrarnos en lo que llevo de vida". Tal vez Juan nunca supo qué había sido de esa joven llamada Aurora Arámbula. Todas las tardes se veían en la calle. A veces Juan le daba dinero a Jorge, el hermano menor de Aurora, para que le avisara a su hermana que se asomara a la ventana. Durante un tiempo, Juan y Aurora se veían todos los días. Desafortunadamente, Juan dejó Guadalajara, pero ella nunca lo olvidó. Dicen que se acordó de él toda su vida, aun cuando ella siempre echaba sus cartas al fuego. Era una niña tan bonita que después fue elegida reina de las fiestas del pueblo. Aurora se casó después y murió el 11 de septiembre de 2003, y nunca más volvió a ver a Juan. ¿Habrá sospechado que su romance de la infancia la convirtió en la inspiradora de uno de los personajes más importantes de la literatura mexicana?

Nat King Cole
(1919-1965)

Genio del jazz

Nat King Cole: he aquí un nombre lleno de musicalidad, de alegría, pero sobre todo de nostalgia. Los que lo conocieron dicen que tenía un ángel enorme que le ayudaba a conquistar a todo tipo de público. Además de ser un hombre muy alto (medía 1.85 m), tenía una enorme sonrisa con la que cautivaba antes de comenzar a cantar. ¿Cómo no recordar a Nat King Cole cuando interpretaba con su maravillosa voz esa canción que hizo tan popular, *Unforgettable:* "Unforgettable, that's what you are"? ¿Y cómo no evocarlo cuando hace muchos años llegó a México y en casi todas las estaciones de radio se escuchaba cantando en español, con su peculiar acento, canciones como *Aquellos ojos verdes*? Muchos recuerdan la anécdota de este gran jazzista cuando vino a México y coincidió en un centro nocturno con Agustín Lara. Cuando Cole supo que el compositor de *Solamente una vez* se encontraba ahí, se levantó de su lugar y se acercó a saludar al músico poeta. Era tanta su admiración que incluso se inclinó a besar su mano, como lo demuestra una foto aparecida en los diarios de esa época. Pero pocos saben que Cole decidió cantar en español a pesar de que no hablaba el idioma y de que carecía de habilidad para aprenderlo. Por esta causa, se aprendió la letra de las canciones sin saber qué estaba cantando. No obstante, eso nunca importó, pues jamás vendió tantos discos como con el repertorio de música hispana.

Daniel Mark Epstein escribió la biografía de este genio musical titulada *Nat King Cole. La voz inolvidable* (Global Rhythm, 2008). A este extraordinario libro pude preguntarle: "¿Cómo fue la infancia de este magnífico pianista y cantante estadounidense que nació en 1919 y murió en 1965 cuando todavía no cumplía los 46 años?". Gracias a sus páginas supe que aunque nació en Montgomery, Alabama, en donde fue registrado como Nathaniel Adams Coles, poco después de su nacimiento se fue a Chicago con su familia. Entonces, a principios de los años 20, era considerada la ciudad del futuro, en donde los negros podían tener trabajo y había menos problemas de discriminación racial.

Edward Coles y su esposa, Perlina, formaban una familia feliz, pero llena de penurias económicas. El matrimonio tenía entonces cuatro hijos: Eddie Mae, Edward D., Evelina y Nathaniel. Es natural que hayan pensado en irse a Chicago y dejar Montgomery, donde literalmente peligraba la vida de sus hijos, pues no olvidemos que el Ku Klux Klan estaba en su momento más alto.

En cambio, Chicago ofrecía oportunidades para la familia. No obstante, Edward, quien era ministro de la iglesia bautista, tuvo que trabajar como carnicero para mantener a sus hijos. Una de las principales mortificaciones del padre era la música de jazz, considerada inmoral y peligrosa, ya que se tocaba en lugares en donde se vendía alcohol de manera ilegal. Era común que artistas como Jelly Roll Morton o Louis Armstrong fueran a los centros de moda, como el Plantation Café, propiedad de Al Capone. Edward veía con recelo la afición de Eddie, su hijo mayor, por el jazz. En una ocasión, Eddie fue castigado por atreverse a tocar jazz en el órgano de la iglesia.

Y Nat, el menor, no se quedaba atrás. Cuando entró a la escuela, su maestro de música se dio cuenta de su gran habilidad musical y de que a sus siete años de edad tocaba increíblemente bien *Yes, We Have No Bananas*. Poco después, pidió al maestro permiso para ingresar a la orquesta de alumnos. La banda de la escuela estaba formada por jóvenes de 16 años, pero Nat era tan alto para su edad que cuando ingresó a ella a nadie se le ocurría pensar que con esa altura y ese talento tuviera apenas 9 años.

A pesar de que por su edad, Nat no podía entrar a los centros nocturnos, su hermano Eddie, que ya tenía 17 años, le contaba todo lo que ocurría en los lugares donde tocaban los grandes músicos de jazz. Era tanto el gusto que su hermano Eddie tenía por esta música, que un día anunció a sus padres que había conseguido trabajo como contrabajista en una orquesta, que pronto iría a España y a Portugal. Naturalmente, Nat extrañó muchísimo a su hermano y cada vez que llegaba una postal de Europa se despertaban más sus ilusiones de continuar tocando el piano.

A diferencia de muchos músicos de jazz, la infancia de Nat fue muy feliz. Por los días de su niñez, el diario *Chicago Defender* creó un club infantil que organizaba días de campo, festivales y concursos para los niños del estado sin importar su raza, pues era una manera de luchar contra la segregación. En uno de los festivales, Nat pudo ver y escuchar a Duke Ellington. Pero su verdadero ídolo era el pianista Earl Hines, de quien se decía que tocaba más notas por minuto que los demás músicos por hora. El 21 de noviembre de 1931, cuando tenía 12 años, pudo conocer a su ídolo. Ese día, más de tres mil pequeños entraron al Teatro Regal y ahí pudieron ver un episodio de *La pandilla* y una película del Oeste.

Finalmente, Nat pudo ver a Hines tocar el piano. Fue una emoción tan grande que toda su vida guardó en la memoria ese momento. Siempre imitó su manera de sentarse y de tomar el cigarrillo; y, sobre todo, guardó el recuerdo de haber tocado en el mismo escenario que su gran maestro, pues luego del concierto, se organizó un concurso de niños, en el cual Nat ganó un pavo de premio.

Ese día, llegó a su casa cargando un pavo, con su rostro de orgullo y su encantadora sonrisa. Desde entonces, año con año fue el encargado de llevar el pavo a casa para el Día de Acción de Gracias. Ese fue el inicio de sus triunfos y el día en que su familia se convenció de que Nat iba a ser un genio de la música.

Federico Fellini
(1920-1993)

Realizador de recuerdos

¿Cómo era Federico Fellini cuando era niño?, ¿cuáles fueron sus recuerdos más remotos y más obsesivos?, ¿de qué manera su infancia determinó su destino?, ¿qué tanto influyó su formación en su vocación de cineasta? ¿Quién tuvo más influencia en su vida?, ¿sus padres, sus amigos de infancia, las monjas del colegio o su abuela? ¿De dónde viene su obsesión por los gordos?, ¿vendrá de su amigo de infancia Titta, el gordito de su pandilla que robaba las sábanas de los tendederos y los pescados de las tiendas?

Hablaremos de la infancia llena de sueños y fantasías del gran director de cine Federico Fellini, quien nació en el pueblo de Rímini, una pequeña ciudad del norte de Italia, frente al mar Adriático. Por esta antigua población atraviesan viejísimos puentes de piedra construidos por los romanos por los que llegaban comerciantes y viajeros. Por la ciudad también cruzan las vías de los trenes que vienen de Bolonia, Ancona y Ravena. En 1939, un joven de 19 años, llamado Federico Fellini, salió para siempre de su pueblo por una de esas vías. Cuando llegó a la estación de Roma se sorprendió con la excéntrica multitud formada de monjas, soldados, curas, vendedores, carabineros, marineros, mujeres bonitas y feas, policías, estudiantes, hombres solitarios, niños, ancianos y comerciantes.

Llegó pleno de sueños y muchas esperanzas. ¿Cómo no iba a tenerlas si uno de sus grandes atributos era que sabía ganar dinero con gran facilidad? Como dice su biógrafo Tullio Kezich en su libro *Fellini* (Tusquets, 2007): "Desde el principio tiene Federico con el dinero la misma relación que mantendrá el resto de su vida: no le cuesta ganarlo, pero tampoco sabe administrarlo con medida, y en cuanto dispone de un poco lo gasta en las cosas más imprevisibles". Ya una vez había estado en Roma, con sus padres, de visita con el tío Alfredo y recordaba la fuerte impresión que le había causado perderse entre las catacumbas en un momento en que se separó del grupo.

Fellini aún no tenía idea de que algún día sería director de cine. Entonces pensaba que podría triunfar como periodista o caricaturista. Muchos años después, cuando cumplió 70, recibió la carta de un peluquero de su pueblo natal que decía: "Señor Fellini, ¿recuerda cuando era niño, la ocasión en que le corté el pelo y como no tenía dinero me pagó con una caricatura?". Sí, tal vez uno de los recuerdos más lejanos era verse a sí mismo con un lápiz en la mano dibujando la playa de Rímini, a sus amigos y a sus padres, Urbano Fellini e Ida Barbiani; pero, sobre todo, dibujaba cualquier tipo de mujeres. "Yo sería la delicia de los psiquiatras", llegó a decir, "porque dibujo anatomías femeninas obsesivamente hipersexuadas, rostros decrépitos de cardenales y llamas de cirios, y nuevamente, senos y traseros".

Constanzo Constantini, uno de los periodistas más fieles al director, reunió las entrevistas que le hiciera a su amigo en un estupendo volumen titulado *Fellini. Les cuento de mí* (Sexto Piso, 2005). En una ocasión le preguntó: "Federico, cuando llegaste a Roma, ¿qué recuerdos llevabas de Rímini?".

"Los gruesos labios de la mujer del jefe de estación de Savignano, que me había dado el primer beso de mi vida", respondió con cierta picardía. "Pero Federico, eso no es un recuerdo de Rímini", le objetó el reportero con mucha desconfianza, porque conocía la capacidad de inventar de Fellini.

El recuerdo de Rímini que más lo impresionaba era la Fortaleza Malatestiana, un castillo tétrico que entonces servía como cárcel. Fellini se acordaba de las manos de los presos aferradas a las rejas, pero sobre todo de las voces gritando: "Hey, niños, ¿no tienen un cigarro?".

Cuántos recuerdos guardaba Fellini de su natal Rímini. ¿Por qué acostumbraba decir que ya se le había olvidado todo, aunque cuando comenzaba a platicar ya nada lo detenía y podía pasar horas de charla en torno a Rímini? A veces, con su esposa, Giulietta Masina, y con otros amigos, se ponía a recordar su infancia. Fellini tenía tanta fama de mentiroso que tal vez nunca supo dónde terminaba la realidad y dónde comenzaba la mentira. Juraba que todas sus historias eran verdaderas, pero sus biógrafos han descubierto que la suya no fue una niñez tan pintoresca y emocionante como el director hubiera querido.

Fellini insistió toda su vida en presentarse a sí mismo como un niño desganado e inconstante; lo cierto es que era como cualquier otro niño del colegio de monjas de San Vicenzo. Las monjas lo aburrían enormemente. Así como no le gustaban las clases, tampoco le gustaba el teatro y prefería salirse de la función para ver lo que pasaba tras bambalinas. Pero lo que más esperaba Federico era la llegada del verano para poder pasar las vacaciones en Gambettola, en casa de su abuela paterna. Esa casa de campo que luego recreó en películas como *La Strada* y *Amarcord* estaba situada en un lugar anclado en el pasado, con pescadores y campesinos que hablaban dialectos ininteligibles.

Cuando llegaba la noche, mientras esperaba que llegara el sueño, Federico comenzaba a soñarse en el cine, se imaginaba en su butaca aguardando que comenzara la película. De ahí que Tullio Kezich diga que en la cama en casa de la abuela Fellini tuvo una precoz intuición de los vínculos que unen cine y sueño. ¿Por qué? Porque comenzó a imaginar que cada una de las cuatro esquinas de la cama era uno de los cuatro cines de Rímini: Fulgor, Savoia, Sultana y la Opera Nazionale Dopolavoro.

Cuando tenía siete años, el circo del payaso Pierino llegó a Rímini. Una tarde, el padre de Federico compró dos boletos para la función. Fue tanta la emoción del niño que decidió escaparse con el circo.

"¿En serio te escapaste con los payasos, los elefantes y los enanos?", le preguntaban con frecuencia sus amigos.

"Sí, en serio. Incluso una de las enanas se enamoró de mí, no quería que me regresara a mi casa".

Pero como escribe Kezich: "La anécdota la desmintieron siempre su madre y demás parientes, aunque el presunto fugitivo, varias décadas después, aún sostenía que algo había de cierto. Ciertos quizá fueron únicamente la impresión que le causó el espectáculo circense y el deseo de incorporarse a él para siempre".

¿En qué otros aspectos mentía Fellini? Decía que de niño era un rebelde, un pillo, cuando en realidad era un muchacho dulce y bueno. Decía que era un mal estudiante, pero siempre obtuvo buenas calificaciones. Había ocasiones en las que sus amigos le hacían ver contradicciones en sus anécdotas, entonces Fellini gritaba: "¡La verdad es la que digo yo!".

Lo cierto es que nunca quiso confrontarse con su infancia real, tal vez por eso casi nunca regresó a Rímini. Le parecía mejor evocarla en sus películas. "Los recuerdos sólo pueden ser recreados en ese laboratorio mágico que es el set", solía decir. En 1946, regresó a su ciudad y encontró casi un cráter lunar, pues Rímini había sido la segunda ciudad más bombardeada de Italia durante la Segunda Guerra Mundial. También regresó en 1955 para estar en el velorio de su padre. Dicen que la película que mejor muestra ese mundo infantil de Fellini es *Amarcord* (que significa "me acuerdo"), sin embargo curiosamente en esos recuerdos Rímini es un poblado espantoso. Por eso decía Fellini: "La mía no es una memoria nostálgica, sino una memoria de rechazo". También decía que el pueblo de todas sus películas es Rímini, aunque no lo mencionara explícitamente.

Por último, quisiera evocar la última escena de *La dolce vita*, en la que se ve un monstruo marino muerto en la playa. Según Fellini, ese es un recuerdo de Rímini que le contó a Constanzo Constantini: "Una mañana, al abrir las ventanas de la casa, la muchacha que estaba con nosotros dijo: «¿Pero qué es esta peste?». Y allí estábamos todos con la nariz afuera, a husmear. Había una fetidez de putrefacción, como si se hubieran destapado miles de tumbas. Durante la noche, el mar había arrojado una enorme mantarraya y apestaba el ambiente. Esa mañana no hubo clases en la escuela; hasta los profesores, el director, en cortejo con nosotros, todos fuimos al mar a ver el monstruo. Ya había muchísima gente, la policía, los carabineros, los soldados, todos alrededor de aquella horrenda ruina de carne. El director preguntó severamente al profesor de ciencias naturales: «profesor Quagliarulo, según usted, ¿qué pescado es?». «Yo qué voy a saber», respondió el profesor, y obtuvo un aplauso de la masa estudiantil. Los pescadores que habían comenzado a deshacer el esqueleto del monstruo a golpe de hacha decían con aire competente que era una «raza» del norte".

Marcial Maciel
(1920-2008)

¿Legionario de Cristo?

Varios siglos ha presenciado la humanidad estupefacta el ahínco impuro con que el sacerdocio romano ha inventado métodos para explotar a su ignorante y desgraciado gremio, las ideas más ridículas, las más extravagantes preocupaciones, la locura heroica de las generaciones de la Edad Media, todo, todo le ha parecido bueno con tal de llenar de oro, por su medio, sus arcas que, como el tonel de las Danaides, entre más reciben más vacías están…

Para evitar que se derrumbara un edificio que tanto trabajo le había costado construir, la curia romana lo amparó con el celibato de los sacerdotes y la Inquisición. El

> celibato que, separando al hombre de la sociedad, no lo hace extraño sino lo convierte en su enemigo.
>
> Vicente Riva Palacio
> *De la historia de la religión cristiana*

Puede decirse que el niño del cual hablaremos comenzó desde abajo, en una familia de campesinos. Desde muy chiquito se dio cuenta que si hacía de manera inteligente, no sólo iba a ser solapado, sino que además iba a ser admirado y temido. Puso todo su empeño en lograr sus metas. Frente a todo mundo rogaba a Dios para que lo ayudara a realizar sus planes. Pero la verdad es que sólo creía en él mismo. Quería triunfar haciendo creer a todos en sus mentiras. Y estuvo a un paso de lograrlo. Como siempre pensó que las personas de las que abusó iban a ser parte de su red de complicidades, no tenía miedo de nada. Adulaba a los empresarios, a los políticos e, incluso, a los papas. Tenía tal capacidad de seducción que la gente caía en todas sus mentiras. Se dio cuenta desde niño que vivía en un país en el que reinaba la doble moral, y se dio cuenta que la Iglesia católica era el sitio ideal para ser encubierto. Claro, el nuestro es un país en el que los homosexuales muchas veces han tenido que participar de la hipocresía; así que en vez de buscar una manera más sana de llevar a cabo su vida, comenzó a chantajear y a abusar de los demás. Me refiero, claro está, al padre Marcial Maciel. Puede decirse que este sacerdote es el resultado de los peores aspectos de nuestra sociedad.

Cuando en todos lados se empezó a hablar de los abusos sexuales de este sacerdote, aquellos que los solapaban comenzaron a temblar de miedo. Todos, menos él, porque sabía que era un hombre de grandes influencias. ¿Quién le iba a hacer algo al padre Maciel, aquel que había educado a periodistas famosos, empresarios y hasta políticos? Sin detenerse a investigar, suponemos que el cardenal Norberto Rivera le preguntó a su conciencia, y su conciencia le dijo: "¡Ay, pero a quién le importa si es cierto! ¿Qué es más importante: esos supuestos niños abusados o el prestigio de la Iglesia?" Y por eso, defendió a su amigo de todas las formas posibles. Y cuando el Vaticano "invitó" al padre Maciel a que se retirara a una vida de oración, el cardenal hizo como que no pasaba nada: "Todo lo que dicen, que fue condenado e impedido es puro cuento, porque el documento sólo lo invitó a retirarse a la vida privada. La Iglesia está firme en sus decisiones y sabe con conocimiento, hasta ahora con los elementos que tiene, por qué tomó esa decisión." Cuando leí los testimonios de los jóvenes a los que abusó, así como las primeras reacciones de la Iglesia, me sentí indignada, y al mismo tiempo sentí una profunda pena por las personas que durante tantos años creyeron de buena fe en el padre Maciel y en su orden. Es tan inverosímil lo que ocurrió con él que hasta en una novela sonaría falso. Nadie creería cómo es que se la pasó engañando a todo mundo, cómo involucró a tanta gente para que le perdonaran el abuso sexual y cómo tantas y tantas personas negaron los hechos a pesar de que existían pruebas innegables… Si se escribiera una novela sobre este sacerdote se tendría que llamar "El crimen del padre Maciel". Me pregunto, ¿cuál será su verdadero crimen? Curiosamente, lo que indignó a mucha gente fue la homosexualidad que se encubrió entre la orden de los Legionarios de Cristo. Pero, ¿este era el crimen del Padre? ¡No! El verdadero crimen fue el abuso y el atropello contra la dignidad de sus "discípulos". Lo que pasa es que en la Iglesia también han tratado de tapar el problema del celibato y el derecho que tienen los sacerdotes a casarse o a tener relaciones heterosexuales y homosexuales.

Marcial Maciel vino al mundo en un año y un lugar excepcional para la doble moral: Cotija, Michoacán, en 1920. Es decir: la tierra de los cristeros, aquellos a quienes manipuló la Iglesia y los levantó en armas a mediados de los años 20. Desde muy chiquito, Marcial fue llevado a Zamora, en donde hizo su primera comunión de forma clandestina a causa de la persecución religiosa. Dicen que era un niño de unos rasgos muy finos y delicados. En esa tierra de machos, un niño delicado era una aberración y una afrenta a la familia. Lo que me llama mucho la atención es que algunos biógrafos de Maciel consideren su homosexualidad como una "perversión". Más bien, era una perversión la doble moral de su familia, de su padre que lo golpeaba y de su madre que hacía como que no pasaba nada y le pedía a Dios que le diera paciencia para tratar a ese niño tan raro.

El reportero Rodrigo Vera entrevistó a Alejandro Espinosa Alcalá en la revista *Proceso* (27/3/2010). Espinosa, quien además de ser confidente del padre Maciel, era su sobrino, le relató muchos aspectos de la infancia del fundador de los Legionarios de Cristo. Durante mucho tiempo, Maciel quiso hacer sus memorias, así que pensaba que podía dictárselas a su sobrino, por lo que le fue confiando muchos de sus recuerdos. Lo que no se imaginaba era que Alejandro sí se convertiría en el mejor de sus biógrafos, pero que su biografía no iba a estar basada en todas las mentiras que le contaba su tío, sino que fue a reunir todos los testimonios que daban cuenta de sus aspectos más oscuros. Espinosa Acalá ya publicó el libro *El legionario* (Grijalbo, 2003), pero actualmente prepara otra biografía más extensa, titulada *El ilusionista*. En ella hizo más descubrimientos acerca de la vida de Maciel, sobre todo de muchos pasajes de su infancia. Gracias a la extensa entrevista de *Proceso*, pudimos enterarnos de estos pasajes. Estoy segura que si hubiera nacido en otra época con menos prejuicios, el destino de Maciel hubiera sido muy distinto. Pero no hay un destino peor que ser homosexual en Cotija, Michoacán, en 1920. Desde chiquito aprendió a chantajear a los campesinos para que no le dijeran nada a su familia acerca de sus preferencias sexuales. No obstante, cuando Pancho, su hermano mayor, lo llegó a descubrir con los niños del pueblo, lo agarraba a chicotazos. "¡Eres un maricón!", le gritaba furioso. Naturalmente que eso hacía que Maciel ocultara todas sus inclinaciones sexuales. Seguramente, desde entonces se dio cuenta que en la Iglesia se solapaban todas esas conductas, ya que su familia era muy cercana a la Iglesia. No es nada remoto que se haya encontrado con sacerdotes que le mostraron los aspectos menos espirituales de la institución. Su padre, don Pancho Maciel también se enteró de los pasos en los que andaba su hijo menor. Todavía no cumplía nueve años y ya era el escándalo de su casa. Así que era obligado a trabajar arrancando raíces en la hacienda de la familia. Pero era tanto el trabajo que tenía que realizar que se sentaba a descansar bajo los árboles. Alejandro Espinosa dice que ese día un rebaño se acercó al árbol donde descansaba Marcial. Entonces, se le ocurrió acariciar una cabra: "Súbitamente apresó a una tierna hembra por la panza y comenzó a forcejear para fornicarla. La lucha duró poco; fácilmente la rindió y entre carcajadas del empleado y su propio solaz, la dejó libre cuando lo invadió un cosquilleo de orinar, aún no eyaculaba", le relató el autor de *El legionario* al reportero de *Proceso*. Al otro día, todos en el pueblo hablaban de Marcial y de "sus hazañas" con las cabras. A partir de entonces, se dio cuenta de que podía usar sexualmente a sus compañeros de juegos a cambio de alguna paga, como trompos y canicas. ¿Cómo no se iba a escandalizar su familia, en la cual había sacerdotes y monjas de todo lo que se contaba en el pueblo sobre Marcial?

Un día encontró una calavera en el campo y la llevaba cargando para espantar a los niños del pueblo: "Mira, yo tengo pacto con el diablo, y tienes que hacer lo que yo te diga, porque si no vas a amanecer ahorcado..." Desde entonces vio que los sacerdotes no trabajaban y vivían de limosnas. Y finalmente, supo que lo que quería en la vida era guiar a los jóvenes: "Comenzó a fantasear con la idea de dirigir a un grupo de bellos religiosos ojiazules, un verdadero harén de efebos dispuestos a servirlo. Pero antes tenía que salir de Cotija, entrar al seminario, realizar los estudios, que tanto le disgustaban. Tras "mucho cavilar" encontró la solución: utilizaría la "influencia de su parentela"... su "carisma sexual"... fingiría "que oía voces del Espíritu Santo instándolo a fundar un grupo de misioneros. Y comunicó a sus padres su decisión de entrar a un seminario." Su madre entonces no le creyó nada, pero más adelante, cuando vio que su hijo era en realidad muy milagroso comenzó a creer en todas sus virtudes. Al primero que tuvo que convencer fue a su padre, quien estaba convencido de que quería ser sacerdote nada más para no trabajar.

No obstante que Maciel era el peor alumno de su salón, el que no estudiaba nunca, poco a poco se fue llenando de mucha fe en Dios. ¿De dónde le habrá venido esta repentina inspiración? Dicen algunos que no existió tal revelación, pero lo cierto es que de pronto el alma de Marcial Maciel sintió un gran amor divino que lo llevó definitivamente a tomar los hábitos. Cuando ya era el líder de los Legionarios, muchos años más tarde, Maciel decía que sufría de unos dolores muy intensos que Dios le había mandado; según él, el papa le había permitido que los niños que él educaba en sus colegios le hicieran masaje en el vientre, para aliviarlo. El padre hacía que estos niños y jóvenes le tomaran su miembro y lo masturbaran. Al finalizar, cuando Maciel ya se sentía más aliviado, les daba la absolución ya que "habían hecho un acto de caridad". Son tantos y tantos los testimonios que han detallado la forma de ser del líder de los Legionarios de Cristo, que actualmente nadie cree en él, nadie se atreve a defenderlo, pero sobre todo nadie cree en la santidad del fundador de esta orden. Aquellos que lo solaparon ya ni siquiera quieren hablar del tema, ni se acuerdan de que algunas vez negaron las decenas de testimonios acerca de tantos y tantos abusos sexuales. En la biografía que le hubiera gustado dictar al padre Maciel había muchos pasajes muy edificantes y de gran devoción. Pero desafortunadamente para los Legionarios de Cristo, ya nadie cree en las anécdotas virtuosas del padre Maciel.

Mario Benedetti
(1920-2009)

Esa otra cosa

Decía que "la infancia es otra cosa". Sí, no hay duda que es otra cosa; muchas veces es un mundo aparte, una realidad extraña y misteriosa. Pero también puede ser un mundo al cual no se quiere regresar, como en el caso del gran escritor de Uruguay, fallecido el 17 de mayo de 2009. ¿Qué era la infancia para él? Permítanme transcribir a continuación unos versos de su poema *La infancia es otra cosa*, en el que enumera algunos aspectos no tan gratos de recordar. La infancia es:

> por ejemplo la oprobiosa galería de rostros encendidos de entusiasmo puericultor y algunas veces de crueldad dulzona

> y es (también la infancia tiene su otoño) la caída de las primeras máscaras
>
> la vertiginosa temporada que va de la inauguración del pánico a la vergüenza de la masturbación inicial rudimentaria
>
> la gallina asesinada por los garfios de la misma buena parienta que nos arropa al comienzo de la noche
>
> la palabra cáncer y la noción de que no hay exorcismo que valga
>
> ...la noche como la gran cortina que nadie es capaz de descorrer y que sin embargo oculta la prestigiosa momia del porvenir.

No obstante, en su larga vida, Benedetti no dejó atrás la infancia. Al contrario, de algún modo, todas las etapas de la vida están contenidas en sus cuentos, novelas y poemas, tal vez por esta causa pudo hablar a lectores de todas las edades. En sus últimos años, le dio por recordar su infancia. Dijo a un reportero: "La infancia es un privilegio de la vejez. No sé por qué la recuerdo actualmente con más claridad que nunca".

¿Qué aspectos habrá recordado?, ¿de quiénes se acordaba?, ¿se habrá acordado de su pueblo natal, Paso de los Toros, en el cual vivió sólo tres años?, ¿o se acordaba de Tacuarembó, a donde llegó muy niño cuando su papá compró una farmacia?, ¿tal vez se acordó del trabajo que le costó aprender su nombre completo: Mario Orlando Hamlet Hardy Brenno Benedetti Farrugia?, ¿se habrá acordado de las primeras películas que vio, puesto que el cine fue una de sus aficiones? O, por el contrario, ¿le habrán dado nostalgia los juegos de futbol que jugó desde niño? No hay que olvidar que tuvo una pasión por este deporte. Era tan aficionado, que en una ocasión regaló un poema a Maradona.

Benedetti estaba en contra de los "demagogos de la infancia". A él le gustaba contar su vida tal como había sido, sin esas distorsiones que embellecen los recuerdos. Estoy segura de que una de las historias que más le gustaba evocar era la vida de su abuelo Brenno Benedetti, quien era químico, especialista en vinos y astrónomo. El abuelo había sido contratado desde Uruguay por Francisco Piria, un empresario hotelero. Luego de un tiempo se peleó con su patrón y decidió seguir dedicándose al negocio de los vinos. Sin embargo, para llegar a otra ciudad, tuvo que caminar más de 100 kilómetros, ya que Piria era también dueño de todos los medios de transporte que llevaban a la capital.

Por un tiempo, la vida de este niño fue similar a un paraíso. Jugaba en la enorme casa detrás de la farmacia familiar. Un día, el padre del poeta descubrió que el anterior dueño de la farmacia había vaciado todos los medicamentos, lo que llevó a la familia a la quiebra. Sin duda, eso era lo que más admiraba Mario de su padre: que había pagado hasta el último centavo de sus deudas. Pero ésta fue también la causa de la desgracia familiar. Su madre comenzó a coser ropa y su padre tuvo que huir de Tacuarembó por las amenazas de embargo. Para el autor de *La tregua*, estos años fueron muy tristes, ya que sus padres tenían conflictos por la tensión en que vivían. No obstante esa época también tuvo cierto encanto en el recuerdo de Mario, por ello escribió un bellísimo poema dedicado a su casa, titulado *Abrigo*:

Cuando sólo era
un niño estupefacto
viví durante años
allá en Colón
en un casi tugurio
de latas
fue una época
más bien
miserable
pero nunca después
me sentí tan a salvo
tan al abrigo.

Por suerte, en una ocasión, el padre de Mario fue a un casino a jugar a la ruleta. Curiosamente, descubrió un truco que lo llevaba a ganar. No obstante, no se convirtió en un jugador obsesivo; sólo jugó hasta reunir dinero para mantener a su familia por un mes. Por ese tiempo, Mario aprendió a leer, pero a diferencia de su padre, él si se volvió de un carácter impulsivo. Era tanta la obsesión por leer, que su padre le dijo: "Mario, tienes que leer menos. A partir de ahora, sólo vas a leer un número exacto de páginas". Mario lo obedeció, sólo leía las páginas indicadas, pero varias veces.

Lo que Mario no se imaginaba era que su abuelo Brenno tenía decidida para él una educación muy severa en el Colegio Alemán, el cual era muy rígido. Dice el poeta que todos los días se veía pasar al director por los pasillos con su látigo en la mano. El Colegio Alemán, además de ser muy elitista, tenía fama de discriminar a los alumnos no alemanes. Sin duda, eso le pasó a Benedetti, mas, gracias a su disciplina y su inteligencia, poco a poco el director se fue interesando por este niño tan observador y buen alumno.

Tal vez, uno de los recuerdos más dolorosos de su infancia es la muerte del abuelo Brenno, a quien escribió un poema en el que dice:

> También tuve y no tengo un abuelo
> con un siglo de cuentos
> y una barba de seda
> y dijo buenas noches
> y se metió en su sueño
> como huésped antiguo y de confianza.

No obstante, por ese tiempo, cuando Mario tenía ocho años, nació su único hermano, Raúl. Fue el compañero de toda la vida, el que lo apoyó durante todas las persecuciones políticas y quien le hablaba todos los días. Seguramente, ahora Raúl vive en la misma tristeza que miles de lectores que se sentían acompañados por Benedetti.

Un libro interesante que trata extensamente sobre la vida de Benedetti es *Mario Benedetti: Un mito discretísimo. Biografía*, de Hortensia Campanella, quien por muchos años siguió los pasos del escritor uruguayo.

Mickey Rooney

(1920-)

El otro Mickey

Es un niño de 89 años, uno que nunca ha dejado de ser optimista, pero sobre todo es un niño que no ha dejado de sonreír nunca. En 1926 filmó su primera película, *Not to Be Trusted*, y en 2007 se estrenó *Bamboo Shark*, su película 320, según la página electrónica "The Internet Movie Database" (IMDB). Dicen que Mickey Rooney es como sus personajes: vital, entusiasta y muy simpático. A pesar de que no es un hombre guapo, se ha casado en ocho ocasiones con mujeres tan bellas como Ava Gardner. Cuando apenas tenía 21 años era considerado el actor joven más famoso del mundo y también uno de los más carismáticos; como él mismo escribió en su autobiografía: "A los 8 años, era un pequeño personaje que gozaba de gran popularidad; a los 19, era el actor más famoso del mundo, y a los 40, un desconocido que trataba de labrarse un futuro en la vida".

No cabe duda de que fue un niño sumamente encantador y que tenía un ángel que contagiaba de alegría. Dicen que cuando Walt Disney concibió a Mickey Mouse, en 1927, originalmente lo iba a bautizar como Mortimer, pero luego de conocer a Mickey Rooney decidió que su personaje más famoso llevara el mismo nombre que ese niño lleno de alegría.

Mickey nació el 23 de septiembre de 1920 en Brooklyn, sus padres eran dos artistas que trabajaban en la opereta, Joe Yule y Nellie Carter. Su padre era un escocés que tenía un don especial para la parodia; su madre, una corista de teatro nacida en Kansas. Puede decirse que Ninian Joseph Yule Jr. –como se llama en realidad– nació actuando: con apenas 11 días de nacido estuvo en el escenario en la obra *Albany*, en la que trabajaba su madre.

En una ocasión, cuando tenía un año y tres meses, se metió a la sección de la orquesta sin que nadie se diera cuenta. Sus padres se encontraban actuando en ese momento cuando su hijo comenzó a darle golpes a un enorme tambor. El público se divirtió tanto que sus padres decidieron que Joe los acompañara en todas sus actuaciones. Desde entonces, aparecía de pronto tocando un enorme tambor a mitad de las escenas. No obstante, como era un niño tan pequeño para trabajar en el teatro, sus padres tuvieron que obtener un permiso especial de Alfred E. Smith, quien era el gobernador de Nueva York. Desde entonces, Joe comenzó a cantar, a bailar y a contar chistes en el escenario; a veces hasta llegaba a hacer números de mímica. Hay que decir que la gente iba al teatro no a ver la opereta, sino a ese niño de tres años que era todo un "estuche de monerías". A los cuatro años cantó su primera canción en público, *Pal O'My Cradle*. Cada vez que salía al escenario, se dirigía al público y decía: "Damas y caballeros, voy a cantar y a bailar. Quiero dedicar mi vida a entretenerlos y voy a empezar a hacerlo ahora".

Sin embargo, el matrimonio Yule se divorció tiempo después, y Nelly tuvo que dejar el trabajo de actriz y encargarse de una casa de campo cerca de Hollywood. Pero Nelly nunca dejó de pensar que su hijo tenía un don que hacía que la gente lo quisiera y, en todo momento, esperaba que las cámaras de Hollywood se fijaran en su hijo. Sin embargo, el pequeño Joe sentía que cuidar una casa de campo no era algo realmente digno para ellos. Nelly se dio cuenta, en una ocasión, cuando escuchó que su hijo de cinco años le decía a una de las visitas: "La verdad es que mi madre y yo no vivimos en esta casa, nosotros tenemos la nuestra en Beverly Hills".

Desde entonces, Nelly no descansó para buscarle un trabajo a Joe. En las mañanas lo mandaba al kínder y por las tardes iba a buscar audiciones hasta que un empresario teatral lo invitó a participar en una revista en el teatro Orange Grove. Nelly seguía preguntando a sus amistades, leía en las revistas y en los diarios para enterarse de las filmaciones y de los *castings*, pero sobre todo se paseaba cerca de los estudios de cine. Finalmente, Nelly leyó en una revista que el productor Larry Damour buscaba a un niño para actuar en una serie de comedias inspiradas en Mickey McGuire, el protagonista de una tira cómica dibujada por Fontaine Fox. Mickey McGuire era un niño negro, pero a Nelly no le importó, así es que fue con un actor que hacía un papel de negro y le preguntó cómo pintarse el pelo. No obstante que Joe llegó un poco desteñido al *casting*, tenía una mirada tan convincente que de inmediato el director de la serie lo eligió.

A los seis años, Joe ya se había convertido en una estrella infantil. Su primera película, *Indigno de confianza*, lo hizo popular, aun cuando en esta cinta hizo el papel de un enano. Pronto, Joe se convirtió en un niño tan conocido que el productor de la cinta, Damour, propuso a Nelly: "¿Por qué no decide que su hijo a partir de ahora use el nombre de Mickey McGuire para que todo mundo lo identifique?". Desde entonces, durante la filmación de los 78 episodios de la serie, Joe cambió su nombre por el de Mickey. Tal vez, Mickey no era entonces tan famoso como Shirley Temple, pero comenzaba a ser reconocido sobre todo con su nuevo nombre.

Lo que nadie se imaginaba era que luego de terminado el contrato con Universal, los productores le informaron a Nelly que su hijo no era el dueño del nombre de Mickey McGuire, porque no tenía los derechos. Además, el creador del personaje había demandado a los productores porque nunca había recibido regalías. Entonces, Nelly y Mickey decidieron que a partir de entonces se llamaría Mickey Rooney.

Nadie hubiera sospechado que la verdadera suerte iba a venir con su nuevo nombre. Hoy nadie se acuerda de Mickey McGuire, pero todos recordamos a la pareja fílmica de Judy Garland y de Spencer Tracy, y sobre todo nos acordamos de Andy Hardy, el protagonista de la película *El honor de la familia*. Esta cinta, grabada en 1935, fue la primera de una serie que le dio a Mickey 25 millones de dólares. Entonces, Mickey luchaba no sólo por tener fama, sino por ser un actor reconocido. Ya no quería ser el niño genio, sino que pretendía hacer papeles acordes con su edad. En su autobiografía, Mickey confesó que su vida siempre ha sido la paradoja de un niño que fue hombre y un hombre que trata de seguir siendo niño.

Durante 89 años, Mickey Rooney ha mantenido vivo a ese niño carismático que siempre ha sido, es un nostálgico que conserva latente en su corazón el Hollywood de su infancia. "Voy a empeñarme en hacer de Hollywood lo que fue", dijo en una entrevista. "Los jóvenes no saben que esto fue alguna vez una adorable colonia en que los productores, cuando hacían un filme, antes que nada, pensaban en crear algo artístico y bueno que los hiciera sentirse orgullosos".

José Saramago

(1922-2010)

Bajo la higuera

Para Roberto Sánchez Huerta,
gran conocedor de Saramago.

Hace unos años, José Saramago decidió hacer un viaje muy especial. A este novelista portugués, que ha viajado a todos los continentes, le faltaba un viaje fundamental que decidió emprender cuando cumplió 80 años. Un día, decidió encerrarse y tomar su cuaderno para viajar al interior de sí mismo hasta llegar a su infancia. Saramago quería saber cuál era su relación con ese niño, hijo de campesinos del pueblo de Azinhaga. Los padres de Saramago eran pobres, pero no eran excepción; todos los habitantes del pueblo lo eran. A finales de los 20, todos en el pueblo andaban descalzos. Los hombres, las mujeres y los niños podían caminar por las calles sin zapatos; sólo cuando tenían que ir a trabajar, los hombres se ponían sus botas. También el pequeño José tenía que ponerse sus zapatos para ir a la escuela. Saramago llevaba por lo menos 20 años dando vueltas en su cabeza a la idea de relatar su infancia. Finalmente, en 2006 publicó *Las pequeñas memorias* (Alfaguara), un bellísimo libro que contiene también fotografías del álbum familiar comentadas por el propio autor.

Me imagino que el niño que fue Saramago sigue dentro de él. Quizá ese niño sea como el centro de una cebolla sobre el que fueron creciendo las capas de los años. Para llegar a conocerlo, Saramago fue quitando esas capas, incluso hasta lloró un poco. Lo más curioso es que la niñez estaba más cercana de lo que parecía. No hay que olvidar que el novelista nació en 1922 y que los recuerdos de sus memorias retratan su vida hasta 1937. Cuando sus padres lo llevaron a registrar, ya sabían que se llamaría José de Sousa, pero el juez estaba borracho. Como muchos de los vecinos de Azinhaga, su familia tenía un apodo, "Saramago" (como una planta muy chiquita con flores amarillas). Entonces, el juez le puso como segundo apellido el apodo. El padre del escritor se enojó mucho. Pero José Saramago siempre lo ha llevado y con él firma sus libros. "Me ahorraron el trabajo de buscar un seudónimo", dice con sentido del humor.

Para el novelista, lo más asombroso de escribir sobre su infancia fue descubrir que pueden recordarse tantas cosas, pero sobre todo olores y sabores. Sí, los poderes de la evocación son lo más sorprendente que hay. Me imagino a Saramago, con sus grandes anteojos, concentrado en su infancia, evocando a sus abuelos y a sus padres, a los olivos que cubrían su pueblo. ¡Qué evocadores eran esos árboles que rodeaban Azinhaga! Desafortunadamente, la Comunidad Europea hace algunos años decidió premiar a los propietarios que cortaran los olivos de sus tierras y sembraran maíz. Ahora, los campos de Azinhaga están llenos de maizales.

Quizás el personaje más evocador de todos en la vida del escritor sea don Jerónimo, su abuelo materno. El día que recibió el Premio Nobel de Literatura en 1998, Saramago habló de él en su discurso de aceptación: "El hombre más sabio que he conocido en toda mi vida no sabía leer ni escribir. A las cuatro de la madrugada, cuando la promesa de un nuevo día aún venía por tierras de Francia, se levantaba y salía al campo, llevando hasta el pasto la media docena de cerdas de cuya fertilidad se alimentaban él y la mujer. Vivían de esta escasez mis abuelos, de la pequeña cría de cerdos que después del desmame eran vendidos a los vecinos de nuestra aldea de Azinhaga, en la provincia del Ribatejo".

Cuántas veces le ayudó a su abuelo a cavar la tierra del huerto de la casa. Cuántas veces cortó leña para la fogata que se prendía por las noches en la casa. Pero, sobre todo, cuántas noches de verano las pasó viendo la Vía Láctea mientras su abuelo le contaba historias maravillosas hasta que el niño se quedaba dormido: leyendas, apariciones, asombros, episodios singulares, muertes antiguas. "José, hoy vamos a dormir los dos debajo de la higuera", le decía su abuelo. Y eso significaba que esa noche iba a ser especialmente maravillosa. Aunque sus abuelos eran analfabetos, se ganaban la vida criando puercos y no se hablaba de literatura en esa familia, no cabe duda que aprendió mucho de la vida en ese pequeño pueblo del centro de Portugal.

Primero murió su abuelo Jerónimo. Dice Saramago que cuando presintió que la muerte estaba cerca, salió a su huerto a despedirse de cada uno de los árboles. También su abuela Josefa tuvo una muerte muy hermosa. Cuando presintió la muerte, se sentó junto a la puerta de su casa y dijo: "El mundo es tan bonito y yo tengo tanta pena de morir". No cabe duda de que la sabiduría de estos abuelos enseñó mucho a un nieto que era particularmente sensible a las palabras y la naturaleza. En una entrevista, Saramago dijo: "Todos están muertos. Mis abuelos, mis tíos y mis padres no dejaron nada tangible, estaban condenados a desaparecer, pero merced a estas memorias los he puesto de pie como si estuvieran vivos. Estaban muertos y yo les resucité. Inclusive, siento cierto temor por esta especie de poder taumatúrgico".

Gracias a esos poderes que tiene la prosa de Saramago para resucitar muertos, revivir pueblos antiguos y hacer que vuelvan emociones que parecían haber sucedido hace tanto tiempo, podemos ver de nuevo a sus amigos de la infancia, sus clases de primaria y los vecinos del pueblo. Para Saramago hablar de todos los aspectos de su infancia no fue fácil; uno de los recuerdos más tristes era la relación entre sus padres: "Mi madre era una mujer extremadamente bella y mi padre lo sabía, por eso la celaba". El padre maltrataba con frecuencia a su madre por celos, y en una ocasión le dio un bofetón a su hijo. Al respecto, Saramago dijo en una entrevista: "Se dice que todas las cosas que tienen que ver con la familia son sagradas, no se habla de ellas. Pero ¿son sagradas, por qué? ¿No es en las familias donde ocurren algunas de las peores cosas que han pasado en la historia de la humanidad?".

Marlon Brando
(1924-2004)

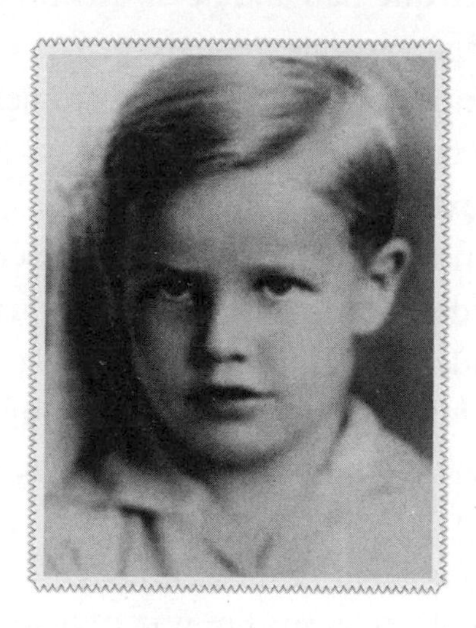

Canciones de mamá

Él fue el más bello de todos los niños. Desde muy pequeño, desde que sus padres lo observaron por primera vez y desde que entró a la escuela de Omaha, en Nebraska, su belleza desconcertó a la gente. Fue tan pesada la carga que representaba ser bello que dejó de ocuparse de su aspecto como una manera de rebelarse, pero sobre todo de alejar la atención que despertaba.

Me refiero a Marlon Brando, protagonista de *El Padrino*, *Un tranvía llamado deseo* y *Nido de ratas*, entre muchas otras películas. Dicen que fue tanta la obstinación de Brando por ser no sólo un rostro bello que se exigió lo que ningún otro actor se había exigido y logró crear un estilo de actuación que sorprendió por su naturalidad. Como dijo Jack Nicholson: "Marlon Brando nos dio libertad".

Hay que decir que Brando fue un hombre muy introspectivo y siempre trató de explicarse su propia vida. Por años, reflexionó sobre su carrera, su personalidad y, especialmente, su infancia. Siempre que hablaba de sí mismo era implacable. Nunca ocultó ningún aspecto de su existencia y siempre mostró una inusual valentía para hablar de sus problemas personales. Cuando Brando cumplió 64 años decidió contar su vida y lo hizo en un libro extraordinario: *Las canciones que mi madre me enseñó* (Anagrama, 1994). Su madre fue el personaje más importante de su vida. "Lo era todo para mí –narró en una entrevista–, pero cuando volvía del colegio no había nadie... Y sonaba el teléfono. Era alguien que llamaba de algún bar y decía: «Tenemos a una mujer aquí que es mejor que vengan a recoger». Un día no pude más y dejó de importarme".

Dorothy Pennebaker tenía 27 años cuando nació su hijo Marlon. ¿Realmente lo quiso? Era una mujer que se dejó llevar por el alcoholismo y era reacia a mostrar afecto. El padre del actor, que se llamaba como su hijo, tenía 29 años. Era un hombre distante, frustrado y alcohólico. Sus compañeras en esos tiempos de infancia eran sus hermanas mayores, Jocelyn y Frances.

Cuántas veces el pequeño Bud, como su familia llamaba a Marlon, se quedaba solo por horas esperando que ella regresara. Por desgracia, llegaba en estados terribles. Bud se sentaba junto a ella para cuidarla, y entonces se preguntaba por su alcoholismo, quería saber la causa por la que bebía tanto, saber si era infeliz, saber si el alcohol era una especie de anestesia para no sentir las decepciones. Nunca pudo saber la causa. Pobre Bud, tenía tan pocos recuerdos felices de su madre: "Tengo algunos recuerdos de cuando me tendía en la cama con ella, de sus rizos esparcidos sobre la almohada, mientras me leía y compartíamos una taza de leche con galletas", escribió en sus memorias.

Aunque Dorothy era poco afectuosa, Bud buscaba complacerla por todos los medios. A veces, ella se acercaba al piano y comenzaba a cantar algunas canciones. Dicen que las sabía en todos los idiomas: "Mi madre conocía todas las canciones que se habían escrito", decía Brando. Tal vez era tanta su necesidad de complacerla, que memorizaba todas las canciones que podía y se las cantaba. Toda la vida recordó las canciones que su madre le enseñó, como dice el título de sus memorias. Dicen que olvidaba las citas, las direcciones, los nombres y hasta su propio número de teléfono. Pero cuando oía una canción, la podía recordar para siempre. "No existe casi ninguna cultura cuya música no me sea familiar. En cambio, por extraño que parezca, no logro recordar ni una sola canción escrita después de los años setenta".

Sin duda, hubo muchas carencias en esa familia en la que los padres pasaban la mayor parte del tiempo en la taberna. Pero lo que realmente faltaba era la costumbre de perdonar. En una ocasión, Frances, una de las hermanas Brando, le dijo a Marlon: "No recuerdo que nos perdonaran nada. En nuestra casa había culpas, vergüenzas y castigos que con frecuencia no guardaban relación con el «delito», y creo que esa sensación de enorme injusticia nos marcó profundamente". Puede decirse que padre e hijo no llegaron a conocerse nunca. Bud jamás supo por qué su padre no lo perdonaba aun cuando no hubiera ningún motivo para castigarlo. Todo el tiempo tenía la costumbre de decirle que no sabía hacer nada bien y que jamás llegaría a nada en la vida. Dicen que Marlon nunca tuvo la aprobación de su padre en su carrera de actor. Como decía Brando: "Lo que más recuerdo de mi infancia en relación con mi padre es que me ignoraba". Cuando los tres hermanos querían explicarse la conducta de su padre, tan poco cariñoso, llegaban a la conclusión de que era así porque él mismo sufrió un terrible abandono, ya que su madre lo dejó cuando sólo tenía cuatro años.

Quizá por esa causa, Marlon también se sintió desprotegido y se dedicó a cuidar todo tipo de animales. En una ocasión, su hermana Jocelyn le dijo: "Te pasabas el día llevando a casa animales hambrientos, pájaros heridos, gente que tú creías que se encontraba en algún apuro, y si te hubieran dado la posibilidad, habrías llevado a una chica bizca o a la más gorda porque nadie le prestaba atención y tú querías que se sintiera bien".

De ahí que mostrara tanto afecto por las mujeres desvalidas. Hay que decir que uno de los recuerdos más importantes de su infancia, uno de los que determinaron su destino fue cuando llegó a su casa Ermi, una joven de 18 años contratada como institutriz. Era de origen danés, pero tenía sangre indonesia. Dicen que tenía un aliento perfumado y una sonrisa maravillosa. Ermi fue el primer amor de Bud, quien tenía entonces cuatro años; jugaban todo el día y ella le contaba historias y le leía libros. Cuando llegaba la noche, Ermi y Bud dormían juntos. Ermi dormía desnuda y durante años este niño tan soñador la miraba mientras se imaginaba que ambos se casarían y se irían a vivir a la Osa Mayor en un carruaje de diamantes.

Pero un día, Ermi se fue repentinamente. Nunca le dijo a dónde, sólo que se iba de viaje, pero Dorothy le dijo a su hijo que se fue porque se había casado. De pronto, Bud se sintió abandonado. Primero lo abandonó su madre por el alcohol, y luego Ermi, por otro hombre. "Por eso a lo largo de mi vida encontraría mujeres que acabarían abandonándome. Tenía que repetir el proceso".

"A partir de aquel día –dice–, me convertí en una persona separada del mundo". ¡Quién sabe si a lo largo de su vida, entre tantas mujeres de las que se enamoró, no estuvo buscando a esas dos mujeres que lo abandonaron cuando era un niño de siete años!

Rosario Castellanos
(1925-1974)

Bajo nueve estrellas

Tengo la impresión de que no le gustaba mucho hablar de su infancia. Cuentan que era una mujer divertida, llena de anécdotas y ocurrencias. No obstante, sus libros de poesía, sus novelas y sus cartas están atravesados por una profunda tristeza. Casi puede decirse que la obra de Rosario es testimonio de la tragedia que significó ser una mujer inteligente a mediados del siglo xx.

Según el dramaturgo Emilio Carballido, muchas veces Rosario platicaba con él y con otros amigos, como el escritor Sergio Magaña, sobre su infancia en Comitán. Rosario les contaba cómo era esa ciudad en la que había nacido en 1925. "Fíjense –decía– que en ese entonces era tan difícil salir de Comitán, que las distancias a Ciudad Real (hoy San Cristóbal de las Casas) y a Tuxtla Gutiérrez se medían por días. Sólo hasta 1951, que se construyó la carretera Panamericana, pudimos salir con facilidad de la ciudad". "Cuéntanos cómo eran sus calles", le pedían. "Las aceras son de lajas pulidas, resbaladizas. Y lo demás de piedra. Piedras pequeñas que se agrupan como los pétalos en la flor. Entre sus junturas crece hierba menuda que los indios arrancan con la punta de sus machetes. Hay carretas arrastradas por bueyes soñolientos; hay potros que sacan chispas con los cascos", contestaba Rosario. "¡Qué bárbara, tienes que escribir todo eso!", le suplicaba Magaña.

"Dudaba. La insistencia nuestra fue mucha. Poco a poco fueron brotando las páginas cada vez más fáciles, más abundantes de *Balún Canán*", escribió Carballido. Luego de mucho trabajar y mucho confrontarse consigo misma, Rosario fue avanzando en la que sería su primera novela, en la que recrea su infancia, su pueblo; habla de su nana Rufina, de los indígenas chiapanecos y de la muerte de su hermano, Mario.

Balún Canán es el nombre maya de Comitán y significa "Nueve Estrellas". Cuando Rosario era muy niña descubrió que esas nueve estrellas eran los guardianes de su pueblo. Un día, la familia Castellanos se subió a un coche y se dirigió al llano de Nicalococ. Por esa época del año, las familias acomodadas de Comitán llevaban a sus hijos a volar papalotes y a organizar carreras. Ese día, Rosario se sintió feliz y libre. Cuando escuchó el sonido del viento, descubrió que esa voz la había acompañado desde niña. "Lo había visto ya, en invierno, venir armado de largos y agudos cuchillos y traspasar nuestra carne acongojada de frío. Lo he sentido en verano, perezoso, amarillo de polen, acercarse con un gusto de miel silvestre entre los labios". Gracias al viento, Mario ganó la carrera de papalotes. Rosario llegó feliz al lado de su nana: "¿Sabes? Hoy he conocido al viento". "Eso es bueno, niña. Porque el viento es uno de los nueve guardianes de tu pueblo", le dijo Rufina.

Pero la infancia de Rosario no tuvo muchos días como ése. Desde muy joven se dio cuenta de que su tema principal era la mujer, especialmente su forma de vivir cuando no tiene destino. Como escribió: "La niña desvalida, la adolescente encerrada, la solterona vencida, la casada defraudada. No hay otra opción. Dentro de esos marcos establecidos, sí, la fuga, la locura, la muerte. La diferencia entre un cauce y otro de vida es únicamente de grado. Porque si lo consideramos bien, tanto las primeras como las otras alternativas no son propiamente cauces de vida sino formas de muerte".

El otro gran tema de Rosario fueron los indígenas. Con el tiempo, fue acercándose a la vida de los chamulas hasta comprender sus problemas y su forma de ver el mundo. Más tarde, las tierras que heredó las cedió a los indios de Comitán.

¿Cómo era Rosario de niña? "Era tierna, pero al mismo tiempo muy cruel", dice el escritor Óscar Bonifaz, amigo de Rosario desde su infancia. "Alguna vez la vi destrozar una mariposa viva y despellejar una lagartija... El primer poema que escribió, o por lo menos que me enseñó a mí, estuvo dedicado a Rintintín, el famoso perro-actor". El principal recuerdo de su infancia, el que la marcó y definió su carácter, fue la muerte de su hermano. Rosario y Mario jugaban con todo lo que inventaban y lo que oían, y llegaban a jugar con lo que soñaban. En una ocasión Mario le dijo: "Soñé con la virgen y me dijo que a mí nunca me va a pasar nada". Rosario, por ganarle el juego, contestó: "Pues yo soñé a Dios y a mí me dijo que sí te va a pasar algo y que te vas a morir".

Una semana después, Mario despertó con un ataque de apendicitis. Los padres se espantaron y comenzaron a discutir: "¿Lo operamos aquí? ¿Lo llevamos a México?". Mario murió antes de que se pusieran de acuerdo. La única forma que Rosario tuvo de superar la tristeza fue escribiendo sus primeros poemas y un diario íntimo. Los padres de Rosario enloquecieron con la muerte de su hijo. Llegaron al extremo de ir al panteón a contarle cuentos y llevarle juguetes. Cuando la familia se trasladó a México, sacaron del panteón los restos de Mario y los colocaron en un cofre, encima le pusieron un tapete y un jarrón con flores. Cuenta Bonifaz que a Rosario no le gustaba todo ese culto, pero la habían enseñado a venerar a su hermano. Lo peor era que sin decírselo, los padres le reprochaban la muerte de Mario, como confesó la escritora en una entrevista: "Lo que mis padres me echaron en cara a mí hasta que cumplí 16 años en que me di cuenta y me enfrenté a ellos, era que yo los había obligado a vivir. Porque si yo me hubiera muerto junto con mi hermano o no hubiera estado ahí estorbando, ellos hubieran podido morirse a gusto".

Quizá esta pérdida enorme hizo que Rosario se hiciera una mujer frágil, a quien todos querían proteger. Esa mujer que cuando murió en un accidente en Tel Aviv, donde era embajadora, fue recordada en un poema de Jaime Sabines:

> Huérfana y sola como en las novelas,
> presumiendo de tigre, ratoncito,
> no dejándote ver por tu sonrisa,
> poniéndote corazas transparentes,
> colchas de terciopelo y de palabras
> sobre tu desnudez estremecida.

Jaime Sabines
(1926-1999)

El niño poeta

"Fui como cualquier muchachito: jugaba canicas, trompo y me gustaba ir a nadar al río Sabinal, perdí muchas clases en la primaria porque me iba de pinta", dijo a su colega, la poeta chiapaneca, Nora Piambo en 1996. ¿Qué tan normal habrá sido ese niño tan aficionado al trompo y a las canicas? Tal vez, como decía él, el poeta es un hombre un poco más desnudo que los demás. Seguramente desde niño, Sabines tuvo una sensibilidad especial, diferente a la de sus amigos de Tuxtla Gutiérrez. Los otros niños no eran descendientes del general Joaquín Miguel Gutiérrez, cuyo apellido le dio su nombre a la capital de Chiapas. Tampoco tenían un padre como el mayor Julio Sabines, que se sabía de memoria *Las mil y una noches*; ni una madre como doña Luz y mucho menos una tía como Chofi, a la que dedicó uno de sus más bellos poemas.

Desde niño, Jaime debió tener un universo particular, distinto, pero sobre todo poético. No hay que olvidar que Tuxtla apenas llegaba a los 25 mil habitantes. Dicen que en 1924, dos años antes de que naciera el poeta, a Tuxtla llegó por accidente la primera avioneta. Era tan extravagante que todo el pueblo se acercó a verla y a interrogar al piloto.

El año en que nació Sabines se inauguró el primer parque público de la ciudad, el "12 de octubre". Dicen que enfrente del Palacio de Gobierno había entonces un jardín con diez camellones de rosas, llamado Jardín de las Damas, porque las damas se encargaban de mantenerlo siempre florecientes.

Cuando el poeta tenía ocho años, la Iglesia se rebeló contra la Ley de Cultos y entonces comenzó la Guerra Cristera. Se cuenta que las iglesias se declararon en huelga y que el Gobierno quemó santos y persiguió a los sacerdotes. No obstante, Jaime no recordaba lo anterior; a quien sí evocaba de manera especial era a su maestra, la señorita Matus: "Recuerdo también que memoricé la historia de México en el cuarto año, la cual declamaba con mucho orgullo, fue una hazaña". Pero lo más difícil había sido aprenderse todos los reyes chichimecas y decirlos de corrido. También comenzó a aprenderse poemas de Amado Nervo. A los siete años, Jaime ya tenía una voz muy bonita y sabía decir los poemas con tanto ritmo, que su madre lo llamaba a recitar cuando iban sus amigas. A los 12 años, cuando entró a la secundaria, los maestros lo nombraron declamador oficial.

En Tuxtla creció Jaime y por eso su poesía se llenó de esa tierra y esa vegetación. Se enamoró de algunas niñas de la escuela y jugaba con los demás niños. Hay que decir que desde entonces conoció a Chepita, Josefa Rodríguez, quien sería su compañera de toda la vida. Como ella misma dice: "Conocí a Jaime desde que éramos niños. Mi mamá iba constantemente a visitar a doña Luz, su madre. Nos tratamos más en la escuela: fuimos juntos en tercer año de secundaria y en la preparatoria. El noviazgo fue de esas cosas que suceden porque tiene que suceder. Fue el destino".

Tal vez su espíritu de poeta se despertó por ese tiempo, porque cuando tenía 12 años, dejó de ir a la escuela a veces durante meses. Se iba solo al río Sabinal a caminar entre la vegetación y a ver los animales. A la una de la tarde, cuando todos los niños salían de la escuela, Jaime regresaba a su casa. "Por culpa de ese río, estuve a punto de reprobar el sexto año de primaria".

"El contacto con la naturaleza me enseñó a ubicarme en la realidad de lo efímera que es la vida. Mi padre me decía: «polvo eres y en polvo te convertirás», nos leía la Biblia. El viejo no tuvo cultura universitaria, únicamente cultura de tradición oral. Nos contaba historias, por ejemplo, la del *Mio Cid*, los capítulos de *Las mil y una noches*".

No podía ser de otra manera que don Julio fuera el centro de la leyenda familiar, dice Carla Zarebska en su libro *Jaime Sabines. Algo sobre su vida* (Plaza & Janés, 2007). A pesar de la corta edad de su entrevistadora (22 años), a ella le contó muchas cosas, le abrió sus viejos cuadernos con apuntes y poemas escritos en su juventud, le enseñó fotografías donde se le veía jugando canicas, le recitó poemas, le platicó anécdotas de Charito Castellanos, pero, sobre todo, le habló de su padre y cómo lo recordaba: "En el corazón del hombre estaba el padre. Un cedro de origen libanés: árbol rama, árbol fortaleza, árbol sombra. Alrededor de él, la vida tenía sentido y el hijo poeta no resistió la tentación de inmortalizarlo en ese escrito desgarrado que se cuenta entre los poemas más importantes de la literatura mexicana del siglo xx: *Algo sobre la muerte del mayor Sabines.*

Se contaban tantas cosas de su vida y de sus viajes, que el pequeño Jaime evocaba constantemente a su padre saliendo de Líbano, su patria, para llegar hasta Tuxtla Gutiérrez. Qué importante fue para Jaime esa leyenda familiar. Con toda razón Balzac decía que los hechos más importantes de nuestra vida ocurrieron antes de que naciéramos. En la casa siempre se hablaba del carácter rebelde del mayor. Dicen que había entrado a la revolución para "taimar su carácter" y que en una ocasión su regimiento fue a Chiapas por órdenes de Venustiano Carranza. Ahí conoció a Luz Gutiérrez, de quien se enamoró. Entonces don Julio decidió abandonar el ejército y quedarse en Chiapas. Poco después, el matrimonio tuvo a su primer hijo, pero cuando apenas tenía unos meses de vida se enfermó con fiebres altísimas y, poco tiempo después, murió.

También se contaba que, en 1927, estuvieron a punto de fusilarlo pero que, cuando estaba en la fila, lo reconoció un coronel que era su amigo y que intervino para que no lo mataran. Doña Luz llegó desesperada con sus tres hijos, Juan, Jorge y Jaime. Éste último era tan pequeño que iba en brazos de su madre. Cuando estuvo frente al dirigente del pelotón, le dijo: "¡Por favor, dejen a mi esposo, yo tengo 150 pesos, déjenme verlo!". En esa época, 150 pesos alcanzaban para pagar la mitad de una casa, dos caballos o dos vacas. Dejaron libre al mayor Sabines, pero a condición de que se fuera de Chiapas. Toda la familia se fue siguiendo el coche en el que iba don Julio, escoltado por los militares.

Por desgracia, la llegada a Veracruz no fue mejor para los Sabines. En el puerto, otro General quiso fusilarlo, pero Domingo Kuri, un viejo amigo que lo reconoció, fue a ver al General y pidió por su vida: "¿Por qué lo quieres matar si es un buen hombre? Además, él ya se va a La Habana". "Si tú me garantizas que se va, entonces lo dejo libre", respondió el militar. Pero don Julio le dijo a Kuri: "¿Cómo me voy a ir con mi familia si no tengo ni un centavo?". Su amigo sacó dos mil pesos y así la familia pudo vivir en Cuba por más de un año, hasta que el Mayor se enteró de que el presidente Obregón había sido asesinado en 1928. Fue entonces que toda la familia regresó a Tuxtla Gutiérrez, pero esta vez sin dinero.

Nada fue tan importante para Jaime que la vida de su padre. Siempre se acordó de su voz, de las historias que contaba y de cómo le enseñó a jugar ajedrez: "Sus historias nos dejaban en suspenso, a mí, a mis hermanos y hasta a un grupo de amigos de vecindario porque los cuentos de mi papá se hicieron de fama. Había pasajes en los que llorábamos y mi padre también lloraba".

Para recordar a Jaime Sabines, les recomiendo leer su extraordinaria obra poética, pero sobre todo el poema *Algo sobre la muerte del Mayor Sabines*, que habla del padre que estaba en el corazón del poeta. "Sabines dio expresión a lo que sentimos y no alcanzamos a formular en palabras", dice José Emilio Pacheco. "Todos sufrimos del amor y del desamor, a todos se nos mueren las personas que amamos. Nada más Sabines nos ha dicho al oído lo que necesitábamos escuchar en el momento preciso".

Gabriel García Márquez
(1928-)

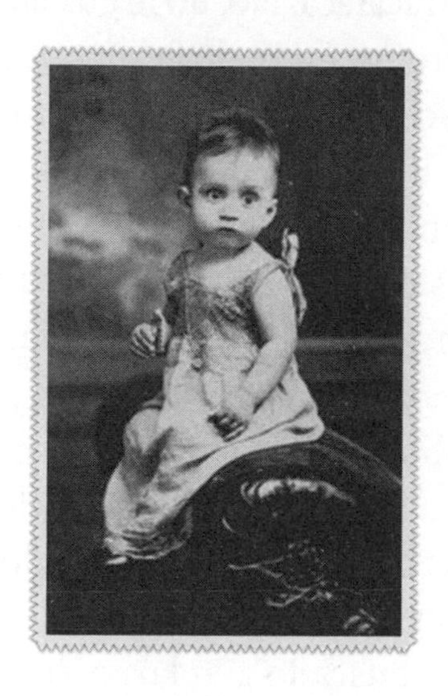

La casa de las historias

Cuando era niño, a Gabriel García Márquez le dijeron que la vía del tren que lleva a Aracataca fue construida de noche, porque de día el calor hacía imposible tomar con las manos las herramientas de metal. Por esas vías llegaron al pueblo los empresarios de la United Fruit, cuando comenzó la fiebre del banano, en 1910. Asimismo, por esas vías llegaron cientos de trabajadores anónimos para ser contratados por esa empresa norteamericana. Como dice Plinio Apuleyo Mendoza, en su libro *El olor de la guayaba* (Diana, 2004): "El pueblo había conocido una era de esplendor y derroche. Corría el dinero a chorros. Según se decía, mujeres desnudas bailaban la cumbia ante magnates que acercaban billetes al fuego para encender sus cigarros".

Desde una de las casas del pueblo, de las más antiguas, se asomaba para ver todo ese espectáculo la abuela del novelista, doña Tranquilina Iguarán, quien pertenecía a una de las familias más viejas de Aracataca. No, no le gustaba nada ver a todos aquellos trabajadores siempre de fiesta por las calles. "No son más que la hojarasca", acostumbraba decir para referirse a las mujeres sentadas en la calle con sus paraguas abiertos y a los hombres que se cambiaban de ropa a la mitad de la calle.

¿Cómo habrá sido esta mujer que prácticamente no salía de su enorme casa, y a la que le gustaba tanto pasear por los enormes corredores y por su patio oloroso a jazmín? ¿Era cierto que no distinguía bien entre la vida y la muerte, es decir, que creía ciegamente en las historias de aparecidos y hasta llegó a escuchar las quejas de los muertos? ¿Fue doña Tranquilina la persona que le contó la primera de las muchas historias que García Márquez ha buscado a lo largo de su vida? Lo imaginamos todas las tardes, cuando su abuela lo sentaba en el comedor y comenzaba a contarle la historia de la familia, de los fantasmas que rondaban por los cuartos de la casa. En una ocasión, Gabo le preguntó a su abuela: "¿Quién es Mambrú, el de la canción que dice Mambrú se fue a la guerra?". Ella respondió: "Fue un soldado que peleó con tu abuelo en la guerra". Como Gabo siempre le creyó a su abuela, el duque Marlborough (quien inspiró a Mambrú) aparece peleando con el coronel Gerineldo Márquez en *Cien años de soledad*.

Esa casa de Aracataca es de lo más importante en la obra del novelista colombiano. Incluso, el primer título de *Cien años de soledad* iba a ser *La casa*, pues no hay que olvidar que a lo largo de los años y de las generaciones que pasan por esta genial novela, la casa se convierte en uno de los personajes más importantes. La casa se transforma, se llena de sol o de vegetación, es lúgubre o luminosa, con cuartos secretos y gabinetes llenos de misterios, paredes con tesoros ocultos y con huesos de los antepasados. Sí, no hay duda de que García Márquez no ha olvidado ni por un momento esa casa con tantos recuerdos. Como el novelista le dijera a Plinio Apuleyo Mendoza: "Mi recuerdo más vivo y constante no es el de las personas, sino el de la casa misma de Aracataca donde vivían mis abuelos. Es un sueño recurrente que todavía persiste. Más aún: todos los días de mi vida despierto con la impresión, falsa o real, de que he soñado que estoy en esa casa. No que he vuelto allá, sino que estoy allí, sin edad y sin ningún motivo especial, como si nunca hubiera salido de esa casa vieja y enorme".

A Gabo, como le decían desde niño, le contaron que antiguamente la casa de la familia materna estaba construida con paredes de caña y techos de palma, pero durante una celebración del 20 de julio, "día de la Independencia de quién sabe cuál año de tantas guerras", un cohete le cayó encima y la quemó. Sobre sus escombros se construyó la casa definitiva, la cual tenía ocho habitaciones formadas una detrás de otra con un pasamanos de begonias, donde las mujeres de la casa se sentaban a platicar y a bordar todas las tardes. La primera habitación servía para recibir a las visitas y también como oficina del abuelo. Ahí se encontraba un libro fundamental para su vida: el *Diccionario de la lengua*. Cada vez que había una discusión en la casa, el abuelo proponía: "Vamos a ver qué dice el diccionario". Entonces abría el libro para ver la respuesta entre sus páginas. De esta manera nació el respeto que Gabo le tiene a los libros, pero sobre todo a su abuelo, el coronel Nicolás Ricardo Márquez Mejía.

Tal vez con ninguna persona se ha entendido mejor Gabo que con este abuelo, con quien mejor comunicación ha tenido. No obstante, el coronel murió cuando su nieto apenas tenía ocho años. "A casi 50 años de distancia, tengo la impresión de que él nunca fue consciente de eso", declaró el novelista. Curiosamente, nadie en la familia se tomó la molestia de decirle que su abuelo había muerto; se dio cuenta cuando alguien lo comentó en una conversación familiar. Qué tan importante será este personaje que Gabo afirma: "Cada vez que me ocurre algo, sobre todo cada vez que me sucede algo bueno, siento que lo único que me falta para que la alegría sea completa, es que lo sepa el abuelo".

Atrás de la oficina del abuelo, estaba su taller de platería, en donde el coronel hacía pescaditos de plata con pequeños ojos de esmeralda y en donde las mujeres no podían entrar. Luego estaba el comedor, con su mesa para 16 comensales. Más adelante, se encontraba un cuarto para recibir visitas especiales. Como escribió García Márquez en su libro de memorias *Vivir para contarla* (Diana, 2002): "Allí empezaba el mundo mítico de los dormitorios". Sobre todo, mencionemos el cuarto de los abuelos, el cual tenía en la puerta una inscripción con el año en que se terminó la construcción: 1925. Ahí nació Gabo, ahí durmió en su cuna hasta los cuatro años y ahí su abuela doña Tranquilina conservó toda la vida la cuna de su nieto. En ese dormitorio, había asimismo santos del tamaño de un hombre y "más realistas y tenebrosos que los de las iglesias". Allí estaba la lámpara del Santísimo, la cual no fue apagada hasta que murieron todos los de la casa. Finalmente, venían los dos cuartos prohibidos para Gabo, el de la prima Sara Emilia, quien le enseñó una colección de cuentos con la que García Márquez descubrió la literatura; y el depósito de los baúles y los trastos. Este último era un cuarto misterioso, a donde Gabo no pudo entrar nunca, pues sus abuelos le prohibieron explorarlo.

Nos imaginamos que este niño, tan curioso como siempre ha sido Gabo, no dejaba de preguntarse por todo lo que podría haber ahí dentro. "¿Habrá un tesoro escondido, una armadura medieval, una caja con huesos, un paquete de cartas que hace mucho tiempo se olvidaron, algunos fantasmas que no pueden salir, una cajita musical, una alfombra voladora, un telescopio olvidado por los gitanos, o bien, unos antiguos manuscritos con la historia de la familia?", se preguntaba frente a esta puerta imposible de abrir. Muchos años después, se enteró de que ahí estaban las 70 bacinicas que los abuelos compraron en una ocasión en que la madre del escritor invitó a sus amigas del colegio a pasar las vacaciones a la casa.

De esta casa llena de cuartos y de recuerdos han salido las bellísimas historias de García Márquez. Tal vez, este gran novelista en su imaginación siempre ha seguido viviendo en ese mundo personal tan fecundo. Con cuánta razón el poeta inglés William Wordsworth decía: "El niño es el padre del hombre".

Shirley Temple

(1928-)

A ritmo de Shirley

No podíamos olvidar en este libro a la niña más famosa del mundo. Sí, la niña genio de Hollywood, la niña llena de musicalidad y capaz de reproducir con asombrosa facilidad los pasos más complejos de *tap*. Era tan famosa, admirada y, sobre todo, tan querida que en uno de sus cumpleaños llegaron a los estudios de la Fox 135 mil regalos de todo el mundo. Cuando la madre de Shirley, Gertrude Temple, supo la cantidad de regalos que había recibido su hija decidió donarlos. ¿Habrá tenido conciencia de su popularidad esta niña que desde los cuatro años se encontraba en todas las pantallas de cine del mundo? ¿Cuántos millones de dólares habrá ganado por sus películas cuando ni siquiera podía tomar una pluma para firmar un contrato? ¿Tuvo amigos esta niña que ni siquiera podía salir a la calle por su inmensa popularidad?

Aunque desde que nació fue la consentida de sus padres y sus dos hermanos, nadie se imaginaba que esta niña de cara redonda y sonrisa encantadora cautivaría a millones de personas. Su padre, George Temple, contador de un banco, no quería que su hija fuera actriz. No obstante, permitió que fuera inscrita en una escuela de danza a los tres años. No nos imaginamos cómo es que un cazador de talentos llegó a esa escuela y vio a la pequeña Shirley y se cautivó con su forma de bailar y sonreír. Pero apenas unos meses después, apareció en la cinta *War Babies*, cuyo elenco estaba formado exclusivamente por niños menores de cinco años. Las primeras palabras que dijo ante la cámara fueron en francés: "*Mais oui, mon cher*". En esa época, estaba de moda hacer la parodia de películas, pero con niños pequeños; y en esa cinta, a Shirley le tocó hacer una imitación de Marlene Dietrich, bailando con un atrevido escote y llena de plumas de colores. "Creo que fue el papel más atrevido que hice en mi carrera, no obstante que sólo tenía cuatro años", confesaba Shirley con picardía.

Pero la fama verdadera vino cuando el productor Alexander Hall, de la Paramount, vio los cortos de Shirley. Fue entonces que Hall recordó que la cinta *La señorita Marker* no se había filmado porque no habían encontrado a la actriz adecuada. Sin duda, esta pequeña con una sonrisa del tamaño de la pantalla era la indicada para hacer el papel de una niña que se va a vivir con una banda de gángsters. El éxito de la cinta hizo que sólo en ese año (1934) Shirley trabajara en 12 cintas. Era un trabajo agotador, pero al mismo tiempo el más redituable, pues aún no cumplía 10 años y ya había ganado cinco millones de dólares. Había muñecas, libros, historietas, vestidos, discos y hasta partituras de canciones dedicadas a Shirley

Temple. Pero, sobre todo, había miles de niñas que iban al salón de belleza para que les hicieran los rizos de ella.

Desafortunadamente, en la vida de Shirley no faltaron las envidias. Se cuenta que recibió chocolates envenenados y que el director del FBI, Edgar Hoover, se encargó personalmente de su protección luego de que su madre y ella recibieran amenazas. Incluso, se llegó a decir que un maniaco la amenazó con quemarle la cara. No obstante, estos incidentes fueron poco importantes para esta niña tan alegre. Cuanto tenía seis años asistió a la entrega del Oscar. Shirley subió al escenario a entregar un premio a Claudette Colbert, y dijo: "A mí también me gustaría tener un premio así". Unos minutos más tarde, el maestro de ceremonias llamó a Shirley al escenario para entregarle un Oscar en miniatura. "Te has ganado este Oscar porque la felicidad que le has dado a millones de personas no la había dado ningún niño en el mundo". Eran los tiempos en los que Estados Unidos luchaba contra la Gran Depresión, cuando el presidente Roosevelt dijo: "Bendita niña, gracias a ella hemos logrado olvidar nuestros problemas".

Era tanta su simpatía, su gracia para bailar y su carisma en la pantalla que Graham Greene llegó a decir que no era posible que Shirley fuera una niña, sino que se trataba de un enano de 50 años disfrazado. Sin duda, el encanto de Shirley era desbordante; incluso, cuanto la actriz tenía seis años, Will Rogers, un actor que pasaba de los 50 intentó hacer un agujero en el camerino para verla.

Tanta fama, tantos honores a una edad tan temprana, tantos asedios de su madre, hicieron que Shirley ansiara crecer para tener una vida propia. Así como la fama de muchos actores infantiles hizo que muchos de ellos pudieran tener una carrera exitosa, en otros sólo logró que no pudieran competir con sus logros infantiles. Pero en el caso de Shirley fue muy distinto, pues esta niña con una fama irrepetible decidió olvidar el cine para convertirse en una alta diplomática. Hace muchas décadas perdió sus rizos dorados, y cuando llegó a la adolescencia sólo hizo películas que resultaron un fracaso. Cuando habla de su infancia, Shirley Temple la resume así: "Quizá fui una de las niñas más felices del mundo. Claro que mi infancia no fue nada normal. Muy pronto dejé de creer en Santa Claus. Mi madre me llevó a un centro comercial y el Santa que estaba allí me pidió un autógrafo. Creo que en ese momento terminó realmente mi infancia".

Ana Frank

(1929-1945)

Deseo cumplido

¡Qué vida tan intensa la de Ana Frank, la protagonista de una de las historias más conocidas de que se tenga noticia! Resulta asombrosa la cantidad de hechos que soportó y asimiló en los pocos años que vivió. Bien dice el doctor Santiago Ramírez que "infancia es destino". En este sentido, la vida de Ana estaba enmarcada por una infancia muy feliz. Era una niña amada por sus padres y por su hermana, Margot, así como por sus compañeros de escuela. No obstante, fue arrastrada por el destino de su familia, de su pueblo y de cientos de miles de judíos que murieron a causa de la persecución del gobierno de Hitler. Aunque a veces la vida de Ana parece muy explotada por la publicidad, basta con leer algunas páginas de su diario o ver las fotografías en las que aparece con su hermosa sonrisa para que se despierte la curiosidad por su vida y por lo que sufrió durante el acecho nazi.

Ana nació en Fráncfort del Meno, el 12 de junio de 1929. Sus padres fueron Otto Frank y Edith Holländer. Los miembros de la familia Frank tenían entre sí una comunicación muy especial, tal vez era el típico caso de una familia que, ante las difíciles condiciones del exterior, lucha por hacer más fuerte el afecto mutuo. No hay que olvidar que en abril de 1933, cuando Hitler ya estaba en el poder, se dieron las primeras manifestaciones del gobierno contra los judíos. Por ejemplo, en ese mes, decretó un boicot contra sus negocios y los miembros de la comunidad temieron que el gobierno pudiera acometer medidas cada vez más agresivas. Aunque Otto y Edith trataron de proteger a sus pequeñas hijas del clima de terror, Ana, gracias a su gran sensibilidad, se daba cuenta de la situación. En su diario, cuenta que uno de sus primeros recuerdos, que data de cuando tenía tres años, era el paso de las SS del Partido Nazi cantando:

> ¡Si la sangre judía salpica del cuchillo
> de nuevo nos va bien!

Fue entonces que Otto y Edith, preocupados por sus hijas, abandonaron su ciudad y emigraron a Holanda. Seguramente pensaron que con salir de Alemania era suficiente; tal vez creyeron que el peligro nazi no saldría nunca de sus fronteras. Quién diría a esta familia que de los poco más de 130 mil judíos holandeses, serían asesinados alrededor de 100 mil. A mediados de 1933, cuando Ana tenía cinco años, sus padres decidieron partir. Entonces, esta niña vio su ciudad natal por última vez. ¿Se habría percatado de la magnitud de la situación?, ¿habría visto con felicidad la casa de su abuela en

Aquisgrán, con quien se hospedaron las hermanas Frank mientras los padres buscaban una casa en Ámsterdam?

Con toda seguridad, esa fue la temporada más feliz en la vida de Ana, cuando pudo aprender el holandés, su lengua "literaria", pues su diario fue escrito en ese idioma. Quizá, cuando estaba encerrada en "la casa de atrás", como se conocía al escondite de la familia Frank, era esta etapa la que añoraba con todas sus fuerzas. Para ver qué tan feliz era esta niña, leamos un pasaje del 20 de junio de 1942: "Yo también juego mucho al ping-pong últimamente, tanto que incluso he fundado un club con otras cuatro chicas, llamado La Osa Menor menos Dos. Un nombre algo curioso, que se basa en una equivocación. Buscábamos un nombre original, y como las socias somos cinco pensamos en las estrellas, en la Osa Menor. Creíamos que estaba formada por cinco estrellas, pero nos equivocamos: tiene siete, al igual que la Osa Mayor. De ahí lo de «menos dos»".

Las primeras páginas del diario de Ana nos hablan de la vida tan feliz que la rodeaba, mientras en Alemania comenzaban las peores atrocidades de Hitler y los nazis. Qué paradójica felicidad la que vivió Ana; mientras ella ignoraba lo que acontecía, ya estaba el destino poniendo las condiciones para que toda esa alegría terminara. El día de su cumpleaños 13, su padre le regaló un diario; en la primera página, ella anotó: "Espero poder confiártelo todo como aún no lo he podido hacer con nadie". El diario de Ana nos habla del paso de la infancia a la adolescencia, de los conflictos de una joven que vivía en unos cuartos escondidos atrás de un edificio de oficinas a lo largo de tres años y, sobre todo, de una escritora asombrosamente inteligente.

En 1940, Alemania había invadido Holanda y los judíos fueron obligados a portar una estrella para ser identificados, pero, sobre todo, se les impidió tener empresas. Fue entonces que Otto anunció a sus hijas: "Ustedes saben que desde hace un año hemos llevado nuestras cosas a casa de otras personas; y ahora es el momento de irnos a vivir en la clandestinidad con mi socio Hermann van Pels y su familia". Cuando entró a ese refugio secreto, Ana se volcó en su diario. Y entre las cosas que le confesó estaba su deseo de ser escritora una vez que pasara la guerra.

Como todos sabemos, Ana murió en un campo de concentración días antes de que los aliados liberaran a todos los presos. Sin embargo, su sueño de ser una escritora reconocida se ha cumplido con creces: hoy se han vendido más de 25 millones de ejemplares de su diario en todo el mundo. Ana escribió que no mostraría sus textos a menos que encontrara en su vida "un verdadero amigo". Seguramente le habría gustado saber que millones de lectores se han convertido en sus amigos entrañables.

Finalmente, les recomiendo la edición definitiva del *Diario de Ana Frank* (Debolsillo, 2007) y la página de la Casa Ana Frank (www.annefrank.org), con documentación muy relevante sobre su vida.

Elizabeth Taylor
(1932-   )

Las joyas de Liz

Elizabeth Taylor es la gran diva del cine que ha ganado tres Oscar, seis Globos de Oro, así como innumerables premios y nominaciones por su trabajo como actriz. Nos imaginamos que Cleopatra nunca fue tan bella como Liz en la famosísima cinta de 1963. De la misma manera, creemos que pocas interpretaciones hay en el cine tan fascinantes como su papel de Martha en *¿Quién le teme a Virginia Woolf?* de 1966. Con sus hermosos ojos color violeta, esta magnífica artista comenzó a fascinar al público de cine desde que era apenas una niña de 10 años. Era tanta la presión de su madre por tener una hija actriz, que la pequeña Liz supo desde siempre que no iba a tener otro destino que estar frente a las cámaras toda su vida. Los Taylor, un matrimonio estadounidense instalado en Inglaterra, tuvieron primero un hijo al que llamaron Howard, un bello niño, al que quisieron muchísimo. Pero apenas vino al mundo Elizabeth, en 1932, su madre, Sara, se entusiasmó de tal manera con ella que le dijo a su esposo, Francis: "Esta encantadora niña tiene que ser actriz, ¿no ves sus hermosos ojos? ¿Te das cuenta que con esta sonrisa puede cautivar a todos los públicos?". Hay que decir que la madre de esta niña en realidad depositó en su hija todos sus deseos frustrados, ya que era una actriz que tuvo que abandonar su carrera cuando se casó. Sí, la madre de Liz había trabajado en Broadway con el nombre artístico de Sara Sothern. Ella decidió que Liz entrara desde muy pequeña a tomar clases de canto y de danza en la famosa Academia Vaccani, a la que también asistían los hijos de varias familias de la realeza. Lo cierto es que Inglaterra no era entonces el lugar adecuado para una niña artista; ya se sentían en el ambiente londinense los aires de la guerra. Por ello, cuando Liz cumplió siete años, sus padres decidieron volver a Estados Unidos e instalarse en Los Ángeles. Eran los días de Shirley Temple, y Sara era una madre llena de iniciativa que llevó a su hija a los estudios de cine con la total certeza de que su hija era tan simpática como Shirley, tan buena bailarina como ella y, sobre todo, con unos ojos brillantes como joyas preciosas.

Liz tuvo que luchar contra una deformación congénita en la espalda que la hacía sufrir terriblemente y contra su frágil salud. Pero sobre todo, tuvo que luchar contra el alcoholismo de su padre, que la golpeaba cada vez que tomaba. Liz, que también luchó contra su propio alcoholismo, ha dicho que perdona a su padre, porque ella también padeció esa misma enfermedad.

Sara y Liz continuaron luchando para conseguir un papel en los estudios hollywoodenses. Por su parte, Francis se oponía, hasta que la fuerza de su hija triunfó y logró que sus padres firmaran un contrato por siete años con Universal. No obstante, la película de Harold Young, *Nace uno cada minuto*, fue tan mala que hizo que Universal rompiera contrato con Liz. Sara no dejó de tener confianza en su hija y, al poco tiempo, Liz fue contratada por la MGM, la compañía que hizo de ella su niña prodigio. Cuando la vio el director Fred M. Wilcox exclamó: "¡No me explico cómo es que Universal se pudo deshacer de esta maravillosa niña!". Al año siguiente filmó *Lassie vuelve a casa*, al lado de otro niño actor, el inolvidable Roddy McDowall, quien sería uno de los mejores amigos de Liz hasta su muerte, en 1998. No obstante que la protagonista de la cinta era el perro Lassie, desde entonces el público comenzó a fijarse en la niña actriz de la MGM y a aprenderse su nombre. A los 12 años, Liz tuvo su primer éxito cinematográfico, cuando hizo el papel de Velvet Brown, una niña que rescata a un caballo de ser sacrificado en la película *National Velvet*.

Lo que nadie sabía era que la MGM incluyó entre las cláusulas del contrato de exclusividad una que estipulaba que Liz tenía que aprender a vestirse, ya que su madre acostumbraba comprarle unos vestidos absolutamente cursis. Las expectativas de la MGM no fallaron; al poco tiempo de estrenada la película de *Lassie*, comenzaron a llegar cartas a los estudios para pedir más películas con esta excepcional actriz. Los productores la llamaron desde entonces "la Vivian Leigh en miniatura" y se dedicaron a buscarle más papeles a esta niña que comenzaba a convertirse en una bellísima adolescente. En el fondo, todos tenían el típico miedo de los niños genio que perdían todo su encanto al llegar a la juventud. El caso de Liz Taylor fue completamente distinto. Directores como Elia Kazan estaban seguros de que sería con el tiempo una gran actriz. En 1947, cuando Liz tenía 15 años, dio su primer beso cinematográfico en la película *Cynthia*. Fue ahí que dejó atrás su carrera infantil, la cual fue apenas un paso en una de las trayectorias más importantes en la historia del cine.

Pedro Friedeberg
(1936-)

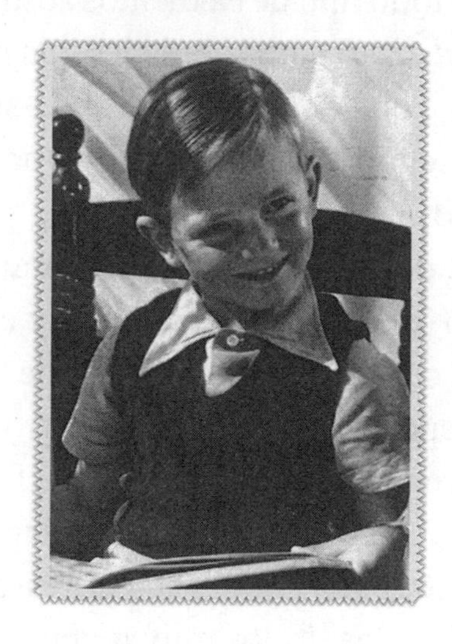

Dibujaba fascinado edificios viejos y, sobre todo, iglesias antiguas

A Pedro Friedeberg no le gusta leer acerca de la infancia de los grandes hombres. Se salta las páginas de las biografías de los personajes hasta que cumplen 23 años porque dice que a todos los niños les pasan las mismas cosas y que sólo hasta llegar a la edad adulta les comienzan a ocurrir cosas más interesantes. Pero Elena Poniatowska, que lo entrevistó hace muy poco tiempo, está convencida de que lo que pasa en la cabeza de Friedeberg "es un misterio, un mecanismo que debe haberse desencadenado en la infancia y le llenó los ojos de formas, espacios y perspectivas con las que él jugó y a las que convirtió en un eterno rompecabezas" (*La Jornada*, 3/4/2010). Seguramente, ustedes conocen la obra de este magnífico pintor y arquitecto y están de acuerdo en que las perspectivas y los espacios son producto de un juego que lleva años y años de llevarse a cabo. Sus cuadros, sus grabados y sus dibujos repiten de forma obsesiva todo tipo de elementos absurdos; en sus cuadros hay colores *kitsch* así como ciudades imaginarias. Sus sillas en forma de mano, que en los años sesenta se volvieron toda una moda, son, según Carlos Fuentes "manos receptivas". Cuando uno ve los cuadros de Friedeberg por primera vez, siente una especie de vértigo, es como estar ante una máquina que fabrica en serie objetos maravillosos y extraños. Permítanme compartir con ustedes la opinión de tres prestigiados críticos de arte respecto de la obra de nuestro personaje:

1) Mariana Frenk: "En el arte de Pedro Friedeberg, único representante en México del *art op*, es evidente cierta inclinación al surrealismo, y no sólo en su expresión plástica, también y sobre todo en los títulos muy ingeniosos de sus obras. Estudió arquitectura, antes de entregarse a la pintura. De ahí, quizás, su notable virtuosismo como dibujante. Con paciencia sobrehumana y una magnífica imaginación dibuja construcciones con miles y miles de detalles absurdos, inspirados en el *art nouveau*, su añorada *Belle époque*." (*Arte entre dos continentes*, Siglo XXI, 2005)

2) Jorge Alberto Manrique: "Pedro Friedeberg, manejando exasperantes sistemas repetitivos, consigue crear un ambiente de íncubo que, él sí, abre de lleno las puertas de la realidad del subconsciente" (*Una visión del arte y de la historia*, UNAM, 2001).

3) Ida Rodríguez Prampolini: "Sus proyectos están llenos de ironía plástica. Aprovechando sus conocimientos históricos amplios y detallados, Friedeberg mezcla los estilos, formando un conjunto sarcástico, deprimente y elocuente, que toca los fundamentos de la confusión reinante. Pero el caso de este sensible diseñador es una excepción. Generalmente, los ensambladores no dibujan tan cuidadosamente como Friedeberg ni mezclan tan conscientemente los estilos del pasado y del presente, sino juntan materiales fabricados, nuevos o usados, para expresar sus "realidades", cada uno a su manera". (*El arte contemporáneo*, unam, 2006)

No cabe duda que los cuadros de Friedeberg son un inmenso juego, sólo que no estamos al tanto de todas sus reglas. Por eso están llenos de sorpresas. Estoy segura que desde siempre, este artista ha convertido su vida diaria en una diversión. Leamos lo que escribió en su autobiografía acerca de su nacimiento:

"Nací como una ardillita en 1829, cerca de lo que es ahora Montevideo, Minnesota. A la edad de ocho años fui golpeado por un rayo y muerto instantáneamente. Reencarné exactamente una centuria después en la apariencia de Pedro Friedeberg, la cual he retenido desde entonces. [Todavía no me acostumbro a este nombre y debo forzosamente guardar mi tarjeta de visita cerca de mi cama, para acordarme de mi identidad, cuando me despierto.]"

Cuando el alma de esa ardilla entró nuevamente en el cuerpo de un bebé se encontraba en Florencia, Italia, y era el año de 1936. Sus padres, quienes eran una pareja de judíos alemanes, lo bautizaron con el nombre de Pietro Enrico Hoffman Landsberg. No cabe duda que desde entonces, la vida de Pedro ha sido emocionante, divertida y llena de experiencias casi inverosímiles. Sólo para darnos una idea de cómo transcurrieron sus primeros meses de vida, escuchemos las palabras de James Oles, un historiador de arte especialista en la obra de Friedeberg. Este texto titulado "Una lectura de Friedeberg" se encuentra en el bellísimo libro *Pedro Friedeberg* que Editorial Trilce realizó como un homenaje a su obra, en 2009. Escribe Oles que los padres del pintor "se divorciaron en 1939 y, de manera cinematográfica –por decir lo menos–, a protestas de su padre, en plena guerra, su madre regresó a Alemania a conseguir dinero para irse con su hijo a México, donde vivía un primo lejano de apellido Friedeberg, quien dirigía una asociación de ayuda a refugiados políticos en esa intensa década. Se casaron, y ella empezó a trabajar como traductora para León Trotsky y para la escritora alemana Anna Seghers. Dos hermanas gemelas, Anita y Vera, nacieron la Nochebuena de 1940 y Pietro/Pedro se fue a vivir con los Berlin, teosofiitas vegetarianos que vivían sin electricidad en Texcoco que nombraron a Pedro "El rey de la casa."

¿No es completamente novelesco este pasaje de su infancia? Y eso que Pedro apenas tenía cuatro años de vida. Este relato completamente verídico se parece a los cuentos que escribe Friedeberg, unos cuentos llenos de alegría y de humor; parece que los escribe ese niño feliz de cuatro años que es "El rey de la casa". Por ejemplo, veamos el inicio del cuento "El teléfono del doctor Atl": "Tres caracoles comenzaron la ascensión del Popocatépetl. Salieron a las cuatro de la mañana y después de caminar ocho metros sudaban profusamente, así que se frotaron sus antenas con unos paliacates chiquititos y descansaron dos o tres semanas. El caracol X era 60% mayor que el caracol Y, que a su vez era 75% más joven que Z; es decir, que sus edades combinadas equivalían aproximadamente a la gestación de medio arsinoterio".

Desde que era muy, muy pequeño, Pedro iba con su papá al café París, en la esquina de Gante y Carranza, a ver a los escritores que se reunían ahí. ¿Habrá conocido al poeta y pintor surrealista César Moro que pasaba mucho tiempo en ese sitio? De ahí se iban a ver a Diego Rivera pintando en Palacio Nacional. Un día, su padrastro lo llevó a Coyoacán. Ahí vio de lejos al rey Carol II, quien entonces se encontraba en nuestro país con su amante Magda Lupescu. Carol II, llegó de su natal Rumania en 1941. La burguesía mexicana estaba feliz de ser anfitriona de un rey auténtico. Jesús Silva Herzog, en *Una vida en la vida de México* (Siglo XXI, 1993), escribió al respecto: "Gran alboroto entre los seudoaristócratas mexicanos. Ya iban a tener un rey, aun cuando destronado, para honrar y dar brillo a sus *five o'clock teas* y a sus saraos. Se refiere que para recibirlo dignamente ensayaron caravanas y pasos y ademanes rítmicos; todo un derroche de anacrónicas cursilerías. Después de unos cuantos años de vivir en México, Carol y la Lupescu se trasladaron a Río de Janeiro. Él murió en 1953."

Ver a ese rey auténtico debió de ser una gran impresión, ya que Friedeberg se fascinó desde entonces con la monarquía. Aunque en sus cuadros, los reyes y sus palacios son ornamentales y falsos, se nota una gran obsesión por la vida de la realeza. Nos preguntamos si, además de ese encuentro con el rey Carol II, esos palacios y esas arquitecturas reales no son una evocación de la Italia renacentista. No sería nada extraño, pues Friedeberg se caracteriza por tener una memoria fotográfica realmente asombrosa, como él mismo lo relata en sus memorias (incluidas en el libro *Pedro Friedeberg*): "De muy pequeño mi madre se sorprendía de que recordara detalles como la ubicación de mi lugar de nacimiento, el hospital Centro Stelle, o la primera casa donde viví, el número 16 de la Via delle Belle Donne, a la vuelta de la Via Tornabuoni y muy cerca del Ponte Della Trinità, que en aquellos tiempos era la calle más elegante de Florencia. Recordaba también la distribución de las habitaciones del apartamento y hasta la posición de puertas y ventanas, todo como si lo hubiera visto el día anterior". Por su parte, Gerda, la madre de Pedro, escribió sobre su hijo: "Este niño, desde muy chico y antes de hablar o caminar, no soltaba ni lápiz ni papel. No jugaba: dibujaba fascinado edificios viejos y, sobre todo, iglesias antiguas. Por años se acordaba de Santa María Novella, de donde habíamos vivido cerca".

En 1917, como las comunicaciones eran muy imperfectas y las noticias eran muy confusas, los abuelos Friedeberg, que eran originarios de Alemania, pensaron que la guerra había terminado y que los alemanes la habían ganado. Así es que decidieron regresar a su país... pero sólo encontraron que Alemania estaba devastada, así que regresaron a México poco después y se instalaron en San Ángel. Pero años después, cuando Pedro ya había llegado a México con su madre, pasaba temporadas en casa de su abuela, en una casona de la colonia San Rafael. Pedro le relató a Elena Poniatowska su vida con ella: "Me encantaba la atmósfera decadente y las muchas criadas que nos atendían, pero todo muy desordenado. Los muebles habían sido traídos de Europa pero con la guerra había una atmósfera de miedo y de histeria que se apagaba en la casa de mi abuela, porque era muy fácil la vida en México y mi abuela era buena conmigo y con las criadas".

Vivían cerca del gran mercado de flores al cual iban en tranvía. Entonces dos boletos costaban 15 centavos, y se bajaban en el mercado de flores. Su abuela compraba montones de flores para repartirlas en los cuartos. De ahí se iban a la dulcería Larín en donde hacían figuras de chocolate de conejos y patos. "Yo tengo algunos de esos moldes. Toda mi infancia era así como de cuento de hadas. En las tardes, las criadas me llevaban a una feria al lado del Monumento a la Revolución y me subía en una cosa que se llamaba "El látigo" y en otra, "El avión del amor", y aprendí a patinar en ruedas en una pista a los cinco años. Me caía, pero las criadas sí patinaban y después de cuatro o cinco caídas yo me sentaba nada más a ver", le relató a Elena en esta magnífica entrevista.

Cuando tenían que regresar a la casa, ya de noche, iban a comprar carbón: "cargábamos unas bolsas llenas de bolitas negras, el carbonero estaba todo negro y su esposa también. Y regresábamos a la casa y ellas prendían el carbón, tenían que encenderlo durante varias horas y luego hervían los frijoles toda la noche y una de las criadas tenía que levantarse de la cama para ver que no se quemaran y luego en la mañana ya estaban los frijoles."

Qué bonita infancia, con razón las pinturas de Pedro Friedeberg están llenas de alegría y de buen humor. En sus cuadros (los cuales tienen unos títulos que también son una obra de arte) la mirada se detiene y se pone a recorrer calles, arquitecturas, palacios, torres, monumentos, perspectivas desconocidas, andadores solitarios, atardeceres delirantes, manos, escaleras, tapices, monumentos ecuestres, naranjas poliédricas, aguacates, dioses prehispánicos, guitarras, máquinas de escribir, mariposas... todas las formas y colores que Pedro Friedeberg atrapó con su mente prodigiosa, esa mente que es como una red que no deja salir nada de lo que atrapa y todo lo expone en las inmensas galerías de su obra genial.

Mario Vargas Llosa

(1936-)

Los años en el paraíso

Cuando era niño, Mario Vargas Llosa tenía junto a su cama, sobre su mesita de noche, el retrato de su padre, un apuesto joven que había trabajado como telegrafista en la marina mercante. Todas las noches, antes de acostarse, Dorita Llosa, su madre, lo acompañaba hasta su recámara y le decía: "Dale su beso de buenas noches a tu papito que está en el cielo". Mario tomaba entre sus manos el retrato de ese joven de mirada soñadora y lo veía con detenimiento. Parecía que su padre, Ernesto J. Vargas, miraba a la lejanía con una expresión de enorme melancolía; su uniforme de marinero contribuía a darle a este marino una gran elegancia y, sobre todo, mucha sobriedad.

Todas las noches, antes de dormir, se preguntaba: "¿Cómo habrá sido mi padre?, ¿qué carácter habría tenido?, ¿si aún viviera me mandaría muchas cartas relatando sus viajes?". Seguramente había recorrido muchos países y tenía muchísimas historias por contar. Desde las costas de Perú, tal vez se había dirigido a las islas del Pacífico o a Japón. Quizá había conocido las costas de Sudáfrica o las playas de Borneo, en donde ocurrían las novelas del príncipe Sandokán, a las que este precoz lector era tan afecto.

Mario y su madre vivían en Cochabamba, una ciudad alejada de la costa, situada en el valle central de Bolivia, y sólo hasta los 6 años de edad pudo conocer el mar, aunque dicen que fue una mala experiencia porque un cangrejo le pellizcó el pie. El novelista cuenta que aunque nació en Arequipa, Perú, sólo pasó ahí el primer año de su vida, pues su abuelo paterno decidió que toda la familia se iría a vivir a Bolivia, en donde había comprado unas tierras para cultivar algodón.

Mario creció en esta ciudad llena de vegetación y de hermosísimos paisajes, situada en medio de los Andes. Desde muy pequeño, le contaron la historia de su padre, el marino que en una ocasión se fue en un barco y no regresó nunca.

A veces su madre se sentaba a recordar su vida: "¿Sabes que conocí a tu padre una vez que fui a Tacna a una boda acompañando a tu abuela? Yo tenía entonces 19 años, y me acuerdo perfectamente del día en que lo vi por primera vez en el aeropuerto de la ciudad. Era 10 de marzo de 1934. ¿Sabes?, tu padre me llevaba exactamente 10 años, así que en ese entonces era un guapísimo oficial que trabajaba en la estación de radio del aeropuerto".

"Con mucha educación, me pidió mi dirección y me preguntó si no me ofendería que me escribiera a Arequipa. Durante todo un año me llegaron sus cartas, hasta que me pidió que nos casáramos. Por desgracia, tu padre murió poco antes de que tú nacieras", decía Dorita con mucha tristeza, cada vez que relataba esta historia.

Hay que decir que la infancia del autor de *La guerra del fin del mundo* transcurrió en la casa del abuelo paterno, pues Dorita decidió seguir a su familia política a Bolivia. Ahí, en la enorme casa familiar que parecía un edén con un patio lleno de árboles, como recuerda el escritor, tuvo una infancia completamente feliz.

Con sus primas Nancy y Gladys jugaba a Tarzán, la película que una vez vio en el cine Rex, y también al circo. No hay que olvidar que también sus tías formaron parte de ese paraíso infantil; incluso, una de ellas, Julia Urquidi, 10 años mayor, fue su primera esposa. Dicen que este niño se hizo consentido, llorón y algo ¡insoportable!, pues los días del carnaval llenaba globos de agua y los aventaba contra las personas que caminaban por la calle.

A pesar de ser tan travieso, siempre esperaba la noche del 24 de diciembre con la esperanza de que el Niño Jesús se olvidara de todo lo que había hecho a lo largo del año y le trajera juguetes, pero sobre todo muchos, muchos libros sobre Guillermo Tell, Robin Hood y el jorobado Lagardère.

En ese entonces, Mario creía firmemente que con los años sería torero o trapecista. Al periodista Alfonso Calderón le dijo en una entrevista acerca de ese periodo: "La felicidad, como usted sabe, es literalmente improductiva y ninguna de las cosas que ocurrieron en esos años ha sido un estímulo literario para mí".

Lo que Mario no se imaginaba era que todas las historias que contaba Dorita acerca de su padre no eran más que mentiras. Con los años, se enteraría de que ese joven marino al que le daba un beso cada noche, en realidad había pedido el divorcio cuando se enteró de que su esposa estaba embarazada.

Dorita no volvió a saber de él por años, o tal vez no quiso darse cuenta de que su esposo tenía una relación con una mujer alemana. Cuando Mario cumplió 10 años, su madre le dijo: "Ya te imaginas que tu padre en realidad está vivo, ¿no es cierto?". "¿No me estás mintiendo, mamá?". "¿Cómo crees que te voy a mentir en un asunto tan serio", respondió Dorita.

Ese día, su madre lo llevó al hotel de Turistas; ahí, un hombre que no se parecía nada a la foto de su mesa de noche, se acercó a él y preguntó: "¿Éste es mi hijo?".

Con el paso del tiempo, Mario Vargas Llosa supo que, en realidad, su padre era un hombre tan celoso, que había hecho que su matrimonio se convirtiera en un auténtico infierno. Puede decirse que cuando el padre ausente llegó a la casa familiar, la felicidad salió por la ventana.

Se dio cuenta de que su hijo era un niño mimado, al que le gustaba escribir cuentos, y se alarmó muchísimo, pues pensó que se trataba de algo grave, así que decidió mandarlo al Colegio La Salle de Lima. Por ello, en sus novelas uno de los temas fundamentales y recurrentes es la relación con el padre y con el poder.

Cómo no iba a ser conflictivo, si Mario vio cómo un desconocido que decía ser su padre lo separó de su madre y lo envió a un colegio sumamente estricto.

Con razón, para el escritor Mario Vargas Llosa el fin de la infancia fue la expulsión de un paraíso.

Carlos Monsiváis
(1938-2010)

El niño que amaba a los gatos

Carlos fue el hijo y el sobrino consentido de la familia Monsiváis. Dicen que la inteligencia se hereda de las madres, así que doña Esther Monsiváis debió de ser una mujer con un gran sentido del humor, pero sobre todo de un gran talento. Ahora evocaremos la infancia de este niño genio con ayuda de su *Autobiografía* precoz (Empresas Editoriales, 1966) y de la entrevista que Jenaro Villamil le realizó a la tía Mary (*Proceso 1756*, 27 de junio de 2010).

Nació en la calle de Rosales, en el centro histórico, es decir, muy cerquita del panteón de San Fernando, en donde se encuentra enterrado Benito Juárez. Ahí en esa calle se encontraba el templo protestante al que acudía su familia, aunque doña Esther vivía en Isabel la Católica. Como fue hijo único y además el mayor de los sobrinos, es natural que fuera el más consentido y el que recibía todas las atenciones de su familia. Cuando Carlos tenía tres años, es decir, en 1941, su familia se cambió a la calle de San Simón, en la colonia Portales, a la casa donde pasó toda su vida. Sí en esa calle que con sólo invertir las sílabas se convierte en "San Monsi"; en esa casa que hace unos pocos días estuvo llena de cartulinas en las que todos sus vecinos le demostraban un afecto enorme: "Nací, *of all places,* en el Distrito Federal y muy niño fui llevado en una emigración terrible, de La Merced a la Colonia Portales, «por la Calzada de Tlalpan»".

Todas las mañanas, su tía Mary lo llevaba de la mano al kínder de la calle de Quintana Roo y luego a jugar al parque Hundido. Dicen que entonces era tan pequeño que todavía no sabía leer, pero que le fascinaba hojear los libros de su casa. Cuando aprendió a leer, doña Esther le regaló una versión para niños de la *Ilíada*, y luego leyó *El tesoro de la juventud*. Poco después, comenzó a leer la Biblia, para concursar en la escuela dominical de la iglesia protestante. Desde entonces, Carlos se dio cuenta que había nacido del lado de las minorías, como dice en su autobiografía: "Pero los letreros («En esta casa somos católicos y no admitimos propaganda protestante»), y los gritos («¡Que pase al pizarrón el aleluya!»), y el chiste inefable («Ah, prostituta: oh, perdón; y creí que habías dicho protestante») hablaban de otra cosa y desde luego a la hora de la comida debía enterarme de persecuciones en los pueblos, de linchamientos y asesinatos. Mi primera imagen formal del catolicismo fue una turba dirigida por un cura que arrastra a cabeza de silla a un pastor protestante. Me correspondió nacer del lado de las minorías y muy temprano conocí el rencor y el resentimiento y justifiqué por vez primera el oportunismo en la figura de Enrique IV, no porque creyese que el De Efe bien vale una misa, sino porque toda posibilidad de venganza, así fuese la anacrónica de recordar a un príncipe hereje que gobernó Francia, me sacudía de placer".

Naturalmente, el refugio de Carlos era la escuela dominical, pues todos los días de la semana, los niños católicos hacían chiste de su compañerito protestante. Desde entonces, la memoria fue uno de sus refugios consentidos, y el día más anhelado era el domingo, porque ese día era el concurso de citas de la Biblia. Hay que decir que era Carlos el que ganaba todos los premios, el que se sabía los pasajes de memoria y el que sabía localizar el pasaje que pedía el profesor. Hasta que un día los demás niños protestaron y pidieron que Carlos ya no concursara porque no dejaba ganar a nadie.

"Mi única actividad pre-uruchurtiana ha sido la niñez. Mi infancia transcurrió en la dorada época de los *pioneers*, en los albores de la Conquista del Viaducto. ¿Cuál ciudad? Si acaso entonces, una suma de pequeños pueblos tribus burocráticas unidas por un corazón comercial; tres desfiles al año y bolsas de agua y cohetes y sombreros de palma en un Zócalo Repentinamente Insurgente".

Desde que era muy chiquito, doña Esther le enseñó el poema *El brindis del bohemio*, y muy seguido se lo recitaba completito. Desde entonces, Carlos se emocionaba cuando Manuel Bernal lo leía en la XEW, sobre todo la parte que dice: "¡Por mi madre, bohemios!" Tal vez Carlos se imaginaba leyendo poemas en el radio, o tal vez cantando. Carlos era muy entonado y tenía una voz muy bonita, estoy segura que cantaba desde niño en el coro de la escuela dominical. Desde entonces, compraba el cancionero *Picot* para aprenderse todos los boleros de moda. Un día, doña Esther lo llevó a la XEW, pero no a cantar ni a declamar, sino a participar en el programa de los Niños Catedráticos. Ahí, con otros niños igualmente inteligentes, Carlos respondía las preguntas del público. Dicen que siempre que se encontraba a un ex niño catedrático, Carlos con su típica buena memoria le decía: "¿Te acuerdas que no pudiste responder una pregunta sobre música cuando éramos catedráticos?".

Doña Esther trabajaba como secretaria; durante muchos años era ella la que le pasaba a máquina sus textos para llevar a las revistas y a las editoriales. Hay que decir que Carlos nunca dejó de escribir a mano sus textos y luego alguien los pasaba en la computadora. Luego, doña Esther puso un estanquillo en la calzada de Tlalpan en el que vendía hilos, velas y camisetas. Finalmente, puso una tienda de regalos en la casa de San Simón. Nos preguntamos si Carlos bautizó "El Estanquillo" al museo que guarda su colección de arte en recuerdo del estanquillo que tenía doña Esther.

Ahora leamos cómo resume Monsi su infancia: "Nada de "coladeritas", nunca el "chiras pelas" o el "tochito", jamás el "Señora, ¿le da permiso a Carlos para irse de excursión al Ajusco?". No hay calacas ni palomas. A cambio de ello, pornografía: el alumno Monsiváis, del Sexto A, propone la creación de una biblioteca. Si he de hacer caso a mis detractores, soy un "matado", el estudioso triste que nunca falta en las mejores familias. Y mi carrera de atleta en el relevo de 4 x 400, se interrumpe cuando entrego la estafeta al miembro del equipo rival. Tuve que posponer mi infancia en espera de la mejor oportunidad que habrían de brindarme finalmente la Cultura Pop y sus cómics, jingles y latas de la Fortaleza."

A partir de entonces comenzó a leer todos los libros que podía; las novelas inglesas, *Don Quijote de la Mancha*, las novelas del siglo XIX, todas las novelas policiacas que caían en sus manos y muchos cómics. Por eso decía: "Ya que no tuve niñez, déjeme tener currículum". Fue en aquel tiempo cuando

Carlos comenzó su eterna afición por el cine. Nada le gustaba más que cantar temas de películas y hacer concursos de trivia sobre cine. "Nunca me arrepentí de haber pasado toda la infancia viendo tres películas diarias. No sé en qué sentido ello me ayudó muchísimo, aunque tampoco sé para qué". El cine en el que vio todas las películas mexicanas de las que tanto sabía era El Bretaña, en Portales.

Pero todavía falta hablar de un amor más. Sí, nos referimos al amor de Monsi por sus gatos, esos innumerables gatos que se paseaban por la casa de Carlos con toda libertad, y que tenían los nombres más ingeniosos de entre todos los gatos. Recordemos sólo algunos de estos nombres: Voto de Castidad, Carmelita Romero Rubio de Díaz, Recóndita Armonía, Pío Nonoalco, Ansia de Militancia, Posmoderna y Eva Sión, entre muchos otros gatos. Confieso que el nombre que menos me gustaba de sus gatos era Nana Nina Ricci y que el nombre que más me gustaba era Mito Genial, quien por cierto murió unos días antes que Carlos. ¿De dónde venía esta pasión de Carlos por los gatos? Dice su tía Mary que desde los 10 años comenzó su gusto por los gatos: "Le regalaron un gatito. A su mamá no le gustaba. No dejaba que entrara a la casa. Cuando Carlos regresó de un viaje que hizo a otra ciudad, se molestó mucho cuando se enteró que su mamá le había regalado el gatito".

Luego tuvo más gatitos, pero doña Esther le prohibió que se metieran a la casa. Entonces Carlos le pedía permiso para ir a ver a sus gatos media hora. "Bueno, pero nada más media hora", le decía doña Esther con mucha resignación. Dicen que cada que alguien quería caerle bien a Monsi, le mandaba un gato de regalo. Dicen que nada le preocupaba más que estar al tanto de la hora de comida de sus gatos. Y dicen que era tanto su amor por los gatos que a veces llegó a rescatar gatos bajo la lluvia, preocupadísimo por los gatos abandonados en la calle.

No cabe duda que comprendemos mejor a Carlos Monsiváis si nos acercamos a su infancia en la colonia Portales, con doña Esther, en su casa hecha para los libros y para los gatos.

John Lennon
(1940-1980)

El sueño de volar

Sin duda, los niños más famosos del siglo xx fueron The Beatles, y es muy posible que la infancia más compleja del cuarteto de Liverpool haya sido la de John Lennon. De ellos, tal vez fue John quien con mayor frecuencia evocaba su niñez, ya sea para explicarse a sí mismo o para inspirarse en ella. Tal vez se veía en las breves temporadas que pasó con su madre, Julia, o recordaba a su padre, el fantasioso marinero Fred Lennon.

Hay que decir que el puerto de Liverpool es clave para comprender el universo no sólo de John Lennon, sino de cada uno de los integrantes de esta excepcional banda. Pero no hay que olvidar que las calles del puerto y muchos de sus lugares sirvieron a John de inspiración, al grado de que esos sitios son ahora lugares muy visitados por los turistas.

Ese es el caso del hogar infantil Strawberry Field, un antiguo edificio victoriano en Beaconsfield Road. Cuando John era muy niño, iba con su tía Mimi a este hospicio, que en realidad se llamaba Strawberry Field Salvation Army, a escuchar en el jardín de la institución a la banda de la ciudad.

Era tanta la nostalgia que John sentía por este lugar que llegó a decir que si alguna de sus canciones realmente hablaba de él era la dedicada a ese lugar. Por esta causa, muchos *beatlemaniacos* consideran que *Strawberry Fields Forever* es la mejor letra de John. Dicen que los admiradores de John iban a ese sitio a escribir mensajes en las paredes, pero, hace poco, el hospicio se hizo tan incosteable que el gobierno decidió cerrarlo y, poco después, derrumbarlo.

Hoy, los seguidores de los Beatles sólo van a tomarse una fotografía en la antigua puerta que todavía queda en pie. Los invito a cerrar los ojos y recordar esta bellísima canción:

Let me take you down
'cos I'm going to Strawberry Fields
Nothing is real
And nothing to get hungabout
Strawberry Fields forever.

Es decir:

Déjame llevarte
porque voy a Strawberry Fields.
Nada es real
y no hay nada por qué preocuparse.
Strawberry Fields por siempre.

Sobre el padre biológico de John, dice Mark Herstgaard en su libro *Los Beatles. Un día en la vida* (Grijalbo, 1995): "Un marinero de la marina mercante llamado Alfred Freddy Lennon estaba en alta mar cuando John nació y después rara vez estaba en casa. John pasó sus años de infancia con su madre en la casa del padre de ella, cuidado por las cuatro hermanas mayores de Julia".

Cuando nació John (1940), Julia, quien entonces tenía 26 años, no dejó de ser la mujer a la que le gustaba cantar, divertirse e ir a bailar con los soldados a los *pubs* del puerto. Cuando John tenía cuatro años, Julia tuvo una hija fuera del matrimonio, pero decidió darla en adopción. Y, más adelante, empezó un romance con un camarero de hotel, John Dykins, con quien procreó dos hijas: Julia y Jacqueline.

Seguramente a causa de esta vida familiar tan compleja, Julia le pidió a su hermana mayor, Mimi, que se encargara de John. ¿Pero cómo veía el pequeño John a su familia? Escuchemos la voz del compositor: "Mi familia la constituían cinco mujeres. Cinco mujeres fuertes, inteligentes y hermosas, cinco hermanas. Resulta que una era mi madre. A mi madre la superaba la vida. Era la menor y no sabía muy bien qué hacer conmigo, así que acabé viviendo en casa de su hermana mayor".

Sí, esa hermana era Mimi, tal vez la más maternal de las tías de John. Dicen que se enamoró de su sobrino desde el día en que nació, y que estaba tan maravillada con el bebé que incluso Julia se enceló.

No obstante, al poco tiempo Julia se olvidó de su bebé y todas las noches, cuando salía a los *pubs* del puerto, Mimi se dedicaba a cuidar a su sobrino. Mimi era una mujer amorosa y disciplinada, que a pesar de que quería enormemente a su sobrino, no era permisiva con él.

Dicen Peter Brown y Steven Gaines, en su libro *Los Beatles. Una biografía confidencial* (Vergara, 1991), que hasta los 14 años John sólo podía ir al cine dos veces al año, a la semana recibía cinco chelines y todos los domingos tenía que ir a la iglesia a cantar y a tomar clases de la Biblia.

No obstante, el tío George, es decir el esposo de Mimi, era quien de verdad consentía a John. Cuando la tía Mimi le daba para su semana, el tío George siempre le completaba con un chelín de más, o le daba dinero para que fuera a ver la nueva película de Walt Disney. Pero no hay que olvidar que aun cuando John tenía todo el cariño de sus tíos, en el fondo sabía que se trataba de un amor prestado, pues la persona que debería quererlo, su madre, estaba completamente fuera de su vida.

Muchas veces, los vecinos y las amistades decían a Mimi: "¡Ay, pero qué bonito es tu hijo! Se parece mucho a ti, tiene la misma sonrisa". Mimi sólo sonreía y agradecía esos comentarios, pero nunca aclaraba que se trataba de su sobrino. Tal vez sentía pena de la vida de su hermana, aunque ni una sola vez habló de eso con John. No obstante, este niño tan sensible siempre pensaba en Julia, quien a veces aparecía como un fantasma que lo inquietaba tremendamente.

Como decía John: "Lo más doloroso es no sentirse querido o comprender que tus padres no te necesitan tanto como tú a ellos. Cuando era pequeño, pasé por momentos en que prefería no ver las cosas desagradables, no deseaba saber que no me querían. El desamor acabó calando en mis ojos y en mi pensamiento. En realidad, nunca me quisieron. Si soy una estrella, es sólo a causa de mi represión. Nada me habría llevado a todo esto si yo fuera normal".

Muchas veces, John pensaba en su madre. "¿Dónde estará? Tal vez vive muy lejos y tiene muchos problemas. Quizá quiere verme, pero es imposible para ella y sufre mucho porque no podemos estar juntos". Cuando llegó a la adolescencia, descubrió que Julia vivía tan cerca de la tía Mimi que hubiera podido visitarlos con frecuencia. Pero John nunca guardó resentimiento ni a Freddy, que nunca más regresó por vivir sus aventuras como marino, ni a Julia, quien murió atropellada en 1958, cuando John tenía 18 años.

Con los años, este músico decía sentirse feliz de no haber tenido padres: "Algunas personas no ven que sus padres, incluso a los 40 o 50 años, los siguen torturando. Yo nunca tuve ese miedo a mis padres, ni ese afán de agradarles".

Finalmente, hay que decir que John nunca se sintió a gusto en esa familia tan convencional. Tal vez para escapar de esa vida que no terminaba de aceptar, comenzó a tener sueños muy vívidos. En una ocasión, soñó que volaba en un avión sobre Liverpool; en otra, que entraba a varias casas viejas en las que había tanto dinero que no le cabía en los bolsillos de su saco. Pero por más dinero que tomaba, no podía llevarse tanto como quería. Desde entonces, ese niño se dio cuenta de que para poder escapar de su rutina necesitaba muchos más chelines de los que le daban sus tíos y poder volar muy alto para salir de las calles de Liverpool.

Carlos Slim Helú

(1940-)

Un niño muy ahorrativo

Nada me hubiera gustado más que conocer a Carlos Slim cuando era un niño. Todo el mundo dice que desde entonces, era un experto en números. Seguramente se sabía de memoria la tabla de nueve (la más difícil de todas), a los cinco años y conocía la regla de Tres, a los diez. Lo imagino igualmente, ahorrando sus domingos, sus canicas para intercambiarlas por ágatas, y diciéndoles a sus abuelos, tíos y tías, que el día de su santo, cumpleaños, navidad y el día de Reyes, le regalaran dinero en lugar de juguetes y ropa. Tengo la impresión que a una edad muy temprana le pedía a su nana Rafaela que no tirara los periódicos ni las revistas de sus papás, para vendérselas al periodiquero. Así mismo, figuro que le pedía a sus padres y a miembros de la familia, que le dieran los libros que ya no querían conservar, para vendérselos a los libreros de segunda mano. Quiero pensar que en el colegio, a la hora del recreo, hacía apuestas con sus compañeritos, mismas que siempre ganaba. Cuando se enteraba que alguno de ellos, le faltaba alguna estampa para su albúm, ya sea de futbolistas, coches, animales, el pequeño Carlos se las arreglaba para tener las que necesitaban y venderlas a lo doble del costo. Es cierto, ya desde esa época tenía una visión privilegiada para hacer negocios, sin embargo, no faltaba de generosidad: siempre guardaba unas moneditas para dárselas a alguna señora cargando a su bebé y que pedía limosna. Le gustaba dispararle dulces a sus hermanos, y los regalos más bonitos que recibían sus padres el día de su onomástico o cumpleaños, eran los de su hijo Carlos. Por último diremos, que lo que más disfrutaba el niño Carlos, era que lo llevaran a Sanborn's de Madero donde le gustaba observar todo, desde los uniformes de las meseras, la tradicional vajilla azul y blanca, hasta los espectaculares pasteles de XV años. De regreso a su casa, antes de dormir, se imaginaba que un día, él tendría muchos Sanborn's por todo el país y sería rico, rico, tal vez el más rico de todo el mundo. Finalmente se dormía con una adorable sonrisa en los labios.

"Carlos Slim Helú, el hombre más rico del mundo, comenzó ahorrar su dinero a la edad de diez años", me dijo José Martínez, su biógrafo oficial, autor de la espléndida biografía *Carlos Slim. Retrato inédito*, (Edit. Oceáno). Con el periodista e investigador, hablé muchas horas a propósito de la infancia de Carlos Slim. Escuchemos lo que me dijo, después de haber tenido múltiples encuentros a lo largo de varios años con el Ing. Slim.

"Corría el año de 1950 y todos los sábados acompañaba a su padre Julián Slim Haddad a su trabajo. Por las mañanas, después de desayunar en familia, salían de su casa en la Avenida México número 51, en la colonia Hipódromo Condesa hacia Correo Mayor, una de las calles de mucho ajetreo en el Centro. Su padre había establecido ahí su negocio, La Estrella de Oriente, una gran mercería, con un capital de 25 mil pesos en pleno hervor de la Revolución. En el trayecto y en los tiempos libres que le permitía el negocio don Julián instruía a su pequeño hijo en los entresijos del comercio.

"Quinto de seis hermanos –tres mujeres y tres hombres: Nour, Alma, Linda, Julián, José y Carlos– el pequeño Slim era uno de los más apegados a su papá. Solía escuchar las tertulias que don Julián realizaba con un grupo de amigos.

Eran personas muy sabias de las que aprendí mucho. Siento que ahí comenzó mi vocación empresarial, le dijo un día, Carlos Slim.

"En efecto, los domingos, el pequeño Slim ponía una tiendita debajo de las escaleras de su casa donde les vendía dulces y refrescos a sus tíos y a sus primos. De esa manera mientras estudiaba la primaria junto a sus hermanos en el Instituto Alonso de la Vera-Cruz, un colegio de agustinos, comenzó ahorrar sus centavos hasta juntar 500 pesos, con ese dinero abrió su primera cuenta de cheques. Cinco años después cuando concluía la secundaria en el mismo colegio, Carlos Slim contaba con un patrimonio de 5,523.32 pesos, dinero que invirtió en Bonos del Ahorro Nacional. Más tarde mientras estudiaba en 1957 en la Escuela Nacional Preparatoria en San Ildefonso, (la Prepa 1) y acumulaba ya un patrimonio de 31,969.26 pesos comenzó a invertir en acciones del Banco Nacional de México, y usando acciones de crédito su capital se fue expandiendo de manera tal que a principios de 1966 su incipiente fortuna era mayor a 5'000,000.00, sin incluir el patrimonio familiar.

"Sin embargo, no todo era felicidad. Carlos Slim perdió a su padre a los trece años de edad. No obstante él siguió los consejos de su maestro y amigo. Así me lo contó:

Desde un principio conté con el apoyo familiar, el cual no se limitaba a lo material, sino principalmente al ejemplo y la formación. A fines de 1952, cuando yo tenía doce años, y con el fin de administrar nuestros ingresos y egresos, mi papá nos estableció la obligación de llevar una libreta de ahorros, que revisaba con nosotros cada semana. Siguiendo esta regla, llevé mis balances personales varios años.

"Hay que decir que no todo eran números. Desde niño se les inculcó la afición por la lectura. Una de sus primeras lecturas fue El Quijote de la Mancha, de Miguel de Cervantes Saavedra. Don Julián tenía algo de bohemio y su entorno giraba alrededor de un ambiente intelectual.

"Don Julián contrajo nupcias con Linda Helú, hija de uno de los más distinguidos intelectuales que ha tenido la comunidad libanesa en México, don José Helú, quien trajo a nuestro país la primera imprenta en lengua árabe y fue el fundador del periódico Al-Jawater (Las Ideas).

"El abuelo materno de Carlos Slim al lado de connotados periodistas, escritores e intelectuales formaron una importante Liga Literaria integrada por don José Helú, Antonio Letayf, Nasre Ganem, Leonardo Shafick Kaim, Nacif Fadl, Salim Bacha, Anuar Merhy y William Jammal. Eran los tiempos cuando los grupos de intelectuales de todas las corrientes literarias y políticas de mexicanos e inmigrantes pusieron de moda lugares como La Opera, el café de París, el Regis, el Tupinamba, el Campoamor, a donde se daban cita personajes de la cultura como José Gaos, León Felipe, Antonio Helú, Mauricio Magdaleno, Jaime Torres Bodet, Salvador Novo, Hugo Thilgman, Tufig Sayeg, Federico Heuer, el vate Antonio

González Mora, los hermanos Gabriel y Armando Villagrán, entre otros muchos. Hablablan de cualquier cosa, de box y de José Vasconcelos.

"El tío de Carlos Slim, Antonio Helú –hermano de doña Linda, madre del magnate– fundó la revista Policromías, una revista estudiantil donde se dieron a conocer los primeros versos de Jaime Torres Bodet, Salvador Novo, Xavier Villarrutia y Carlos Pellicer.

"Una muestra de cómo los libaneses pronto se asimilaron a nuestra cultura e idiosincrasia. Fue así que antes de cumplir los 15 años, llegó a territorio mexicano Khalil Slim Haddad en el año de 1902 que después cambió su nombre por el de Julián. (Khalil, es un nombre común de los árabes que significa "amigo fiel" o "amigo leal"). Venía huyendo del yugo del imperio otomano. En aquel entonces los jóvenes eran forzados por medio de la leva a incorporarse al ejército.

"Nacido el 17 de julio de 1887, Julián Slim Haddad, en Jezzine, Libano, y entró a México por el puerto de Tampico siguiendo a sus hermanos mayores Elías, Carlos y Pedro, se asimilaron a las costumbres de nuestro país, así que tres años después de haber solicitado la adopción de la nacionalidad mexicana, el 12 de diciembre de 1930, el presidente Pascual Ortiz Rubio se la otorga y don Julián envía a Gobernación un memorial de los ciudadanos libaneses asentados en México, incluso fue uno de los principales promotores de la Fundación del Centro Libanés de la ciudad de México y ya con los derechos de ciudadano mexicano don Julián impulsó junto con un grupo de connotados personajes la creación del Partido Mexicano Libanés para la defensa de los derechos de su comunidad.

"Esas fueron las raíces y el entorno en que se desenvolvió la familia de Carlos Slim y que el cine recreaba en las películas de Joaquín Pardavé y Sara García que protagonizaban historias de familias libanesas asentadas en el país. Pardavé era el harbano Jalil.

"Escuchemos cómo, Carlos Slim el hombre más rico del mundo recuerda que él heredó de su padre la habilidad para los negocios.

Mi padre nos dio una educación basada en valores bien definidos. Era una persona de carácter cariñoso y de valores muy sólidos que le brindó siempre a la unión familiar un lugar prioritario en su vida, logrando establecer en ella una grata armonía, principios de honradez, sinceridad y una honda preocupación por México.

"Al fallecer su padre no sólo les dejó una herencia de alrededor de 100 millones de dólares al valor actual. Su padre, dice Carlos Slim, le dejó muchas enseñanzas:

Las razones del éxito comercial de mi padre fueron simples: vocación, telento y trabajo. Sus consejos en cuestiones profesionales, morales y de responsabilidad eran muy claron. Cito sus propias palabras: el comercio debe de implementar un sistema útil; sus actividades y finalidad descansan en una pequeña ganancia de las ventas. Debe proporcionar al consumidor artículos finos y baratos, y tratar directamente con él, darle facilidades de pago, ajustar sus actos a la más estricta moralidad y honradez.

"Slim recuerda que su padre le dejó un sinnúmero de anécdotas y buenos recursos que aplica en su vida diaria y que suele comentar con gusto y a manera de enseñanza a sus seres queridos, destinando el mismo amor y ejemplo que él recibió. Ha contado que desde muy joven tuvo que madurar y aunque desde sus tiempos de estudiante preparatoriano era muy amiguero, se mostraba al mismo tiempo, como un muchacho de carácter reflexivo. Le agrava salir con sus amigos e ir a las fiestas, pero su vida no giraba alrededor de ese ambiente. En ocasiones prefería permanecer en su casa algún fin de semana, era introspectivo, le gustaba analizar todo lo que sucedía en su país y la problemática de la sociedad.

"A los 17 años de edad se matriculó en la Universidad Nacional Autónoma de México para cursar la carrera de ingeniería. Antes de concluir sus estudios ya impartía en la UNAM la cátedra de algebra. En 1963, a la edad de 23 años se graduó con la tesis "Aplicaciones de la Programación Lineal en Ingeniría Civil, realizó también estudios complementarios en desarrollo económico y planeación industrial.

"Después de concluir sus estudios emprendió un largo viaje por Estados Unidos y Europa. Mientras su generación en el mundo experimentó importantes cambios sociales y políticos, de los que él no se sustrajo, aprovecho su tiempo para sumergirse durante días completos en múltiples lecturas en la Biblioteca New York Stock Exchange, donde revisó centenares de libros y archivos sobre temas financieros, a lo que habría de agregar sus habituales lecturas de literatura e historia.

"A los 26 años de edad cuando Carlos Slim se casó con Soumaya Domit Gemayel –de 18 años– comenzaba a poner los cimientos de su imperio. Soumaya nacida en 1948, era hija de Antonio Domit Dib y Lili Gemayel. Don Antonio Domit, originario de Bechele fue el principal promotor de la industria del calzado en nuestro país y doña Lili pertenecía a una importante familia de políticos de su país. Su tío Amin Gemayel fue presidente de Líbano.

"Cuando se casaron, en 1966, Carlos Slim trabajaba en el piso de remates de la Bolsa Mexicana de Valores en el viejo edificio de la calle de Uruguay. Como regalo de la boda, Slim recibió un millón de pesos de su mamá con lo que comproó un terreno en Polanco. La costumbre libanesa era construir la casa de la nueva familia. Pero la nueva pareja decidió construir en su lugar, un edificio en la calle de Bernard Shaw; vivían en un piso y rentaban los otros departamentos.

"A la par de un incipiente matrimonio Carlos Slim apoyado por su esposa Soumaya emprendió la gestación de los Grupos Inbursa y Carso, adquiriendo como su primer empresa la embotelladora Jarritos del ur y empezó a construir varias empresas como la casa de Bolsa Inversora Bursátil, Inmobiliaria Carso, Constructora Carso, Promotora del Hogar, S.S.G, Inmobiliaria, Mina de Agregados Pétreos el Volcán, Bienes Raíces Mexicanos y Pedregales del Sur. Inmobiliaria Carso la constituyó en enero de 1966, tres meses antes de contraer matrimonio y el nombre de su imperio viene de las primeras letras de Carlos y Soumaya.

"Ahora es el hombre más rico del mundo con más de 200 empresas en más de 20 países, controla entre 30 y 40% de la Bolsa Mexicana de Valores, es el empresario que más paga impuestos con sus empresas por un monto de 10 mil millones de dólares anuales, ha invertido en la última década más de 60 mil millones de dólares en América Latina, genera más de 250 mil empleos en sus empresas y más de un millón y medio de empleos indirectos y es uno de los mayores filántropos del mundo al donar la cuarta parte de su fortuna para obras sociales, humanitarias y el combate a la pobreza".

No hay duda, que la muy sabia frase del Doctor Ramírez: "infancia, es destino", le queda como anillo al dedo, a Carlos Slim Helú.

Edson Arantes do Nascimento

(1940-)

El rey Pelé

La única vez que Pelé vio a llorar a su padre fue el día en que Brasil perdió la final del Mundial de futbol ante Uruguay. Era el 16 de julio de 1950. En la pequeña casa del pueblo de Baurú se encontraba toda la familia reunida y sus invitados alrededor del radio. Entre ellos se encontraban ex jugadores de futbol, aficionados y todos los niños del barrio. Podemos imaginarnos que nadie tenía duda de que Brasil iba a ser el ganador, ya que antes de este juego, ya había goleado a Suecia y a España. Además era la primera Copa después de la Segunda Guerra Mundial y los brasileños estaban deseosos de festejar. Hay que decir que el padre de Pelé era no sólo un aficionado al futbol, sino un excelente jugador que tenía una verdadera pasión por este deporte.

Esa tarde, ya estaban listas las cervezas, los pasteles y los bocadillos para festejar. Ya todos los vecinos tenían cohetes en sus casas y los radios a todo volumen. Hay que decir que Pelé admiraba muchísimo a su padre, Dondinho do Nascimento, quien había sido un prometedor jugador de futbol hasta antes de lesionarse. En el pueblo se contaban sus hazañas en la cancha. Por esta causa, su hijo lo consideraba su ídolo y su modelo a seguir. Cuántas veces no escuchó a Dondinho hablarle de sus tiempos en los que anotaba goles espectaculares, en que era admirado por todo el pueblo de Baurú, y en que soñaba con ser el gran futbolista de Brasil. La única que no estaba feliz como los demás era Celeste Arantes, la madre del futuro ídolo del futbol. Ciertamente, este deporte no le agradaba en lo absoluto; el futbol había sido hasta entonces uno de los principales problemas de su matrimonio ya que Dondinho nunca había ganado suficiente dinero como futbolista. Si era tan bueno para jugar, ¿por qué no podía mantener a su familia y a sus cinco hijos?, ¿por qué eran tan continuas sus ausencias? y ¿por qué no era contratado por un club deportivo de categoría? Desafortunadamente, cuando estaba a punto de ser seleccionado por el Atlético Mineiro, el más grande del Estado, un jugador lo lesionó y le lastimó los ligamentos de la rodilla. Así fue como se alejó la única oportunidad de su vida para destacar en el futbol. Con toda razón, cuando hablaba con Pelé, le decía: "Hijo, no basta sólo con saber jugar, también hay que seguir el camino correcto y contar con la ayuda de la suerte". Cuando decía lo anterior, Dondinho tenía claro que el único camino correcto era el futbol. Y además pensaba que su hijo sí iba a tener suerte. Dicen que cuando nació, lo primero que hizo fue ver las piernas de su hijo. Luego de examinarlas, sentenció: "¡Va a ser un gran futbolista!". ¡Afortunadamente, no sabía entonces que su hijo tenía el pie plano porque tal vez lo hubiera dicho con menos convencimiento!

Curiosamente, Pelé no lleva el nombre de ningún deportista famoso, ni mucho menos el de un gran futbolista. Resulta que por los días en que nació, en octubre de 1940, la electricidad llegó a Tres Corazones, su pueblo natal. Dondinho se emocionó tanto al ver los faroles encendidos en la calle así como los focos de las casas, pero sobre todo el radio, que quiso bautizar a su primogénito con el nombre del inventor de esa maravilla. Luego de investigar, unos conocidos le dijeron que el inventor de la luz eléctrica se llamaba "Edson". Sólo que el juez se equivocó en el acta y este niño predestinado a ser el mejor jugador fue registrado como Edison Arantes do Nascimento. No obstante, en su familia siempre fue llamado "Edson", hasta que sus amigos y sus vecinos comenzaron a llamarlo "Pelé". Al principio no le gustaba que lo llamaran de esta manera, pues pensaba que "Edson" era mucho más elegante.

Cuando comenzó el juego, Brasil hizo su primera anotación. El grito de ¡¡¡¡goooooooool!!!! hizo que todo el país se cimbrara. Hay que decir que Brasil sólo necesitaba de un empate para ganar la copa. Pero a los pocos minutos, Uruguay anotó un gol. Durante los siguientes minutos, los brasileños escucharon el partido con la respiración contenida. No obstante, Pelé salió a la calle a jugar con algunos de sus amigos. Luego de un rato, decidió entrar a la casa para continuar la fiesta... En ese momento se dio cuenta que su casa y que todo el pueblo estaba en completo silencio. Fue entonces que vio a su padre, con el rostro desencajado y con la mirada perdida. "¿Qué sucedió?", "perdió Brasil", respondió Dondinho.

En su libro *Memorias del mejor futbolista de todos los tiempos* (Planeta, 2007), Pelé escribió: "Fue la primera vez que vi llorar a mi padre. Muchos de los padres de mis amigos tampoco podían contenerse. Me impresionó sobremanera, ya que me crié pensando que los hombres no demostraban sus emociones de esa forma".

Entonces, Pelé miró a su padre, y no obstante que apenas tenía diez años, le dijo con mucha seriedad: "Yo voy a ganar para ti una Copa del Mundo". Era tanto el desconsuelo de los brasileños que se cuenta que durante el partido, varios de los asistentes murieron de la impresión de ver perder a su equipo. Dicen que no hay amor más grande para los brasileños que el futbol. Mientras que los mexicanos llamamos "el balón", los brasileños le dicen "nena" o "gordita" (*gorduchinha*).

Desde entonces, ya no hubo otra obsesión en la vida de Pelé que jugar futbol. Con sus amigos fundó el Club 7 de Septiembre. Sin embargo, eran tan pobres que no tenían siquiera para comprar un balón. Así es que decidieron robar un costal de cacahuates de un vagón del tren y los llevaron a vender afuera de un circo. Gracias a ese dinero pudieron comprarse unas playeras y shorts. Más adelante, entre todos los miembros del club, llenaron un álbum de estampas de futbol y lo cambiaron por un balón. Como no les alcanzó para los zapatos, los equipos rivales los llamabas "Los sin zapatos". Pero esto no terminó con el entusiasmo de Pelé.

Por entonces, el alcalde de Baurú organizó un torneo para los jóvenes. Sin embargo, había una cláusula que desafortunadamente, ellos no cumplían: había que jugar con zapatos. No cabe duda que la suerte, en la que tanto creía Dondinho, estaba del lado de Pelé y sus amigos, porque un vendedor del barrio llamado Zé Leite se acercó a ellos y les dijo: "Yo les daré a cada uno de ustedes un par de zapatos. Pero me tienen que prometer dos cosas: que se van a comprometer con su equipo y con el futbol, y que a partir de ahora se quitarán el nombre de «los sin zapatos». ¿Qué les parece que desde hoy se llamen Club Amériqunha?". Está de más decir, que con un jugador como Pelé, con sus zapatos nuevos y con el compromiso de dedicarse con su equipo, el Club Amériquinha ganó ese torneo. Casualmente, la final se jugó en el mismo estadio en el que antes jugara Dondinho.

Finalmente, diremos que no pasó mucho tiempo antes de que Pelé ganara la Copa que había prometido a su padre. En 1958, cuando apenas tenía 17 años, anotó el gol que le dio la victoria a Brasil en el Mundial de Suecia. En todos los aparatos de televisión del mundo se le veía llorar sobre el hombro del portero de su equipo. Nos imaginamos que a diferencia de algunos años antes, a Dondinho y Celeste los unió el futbol. Pocos días después de ganar este Mundial, Pelé regresó a Baurú y se encontró a unos niños que jugaban descalzos en una cancha del pueblo. Entonces, decidió ponerse su short y quitarse los zapatos para jugar con ellos, pues esta era una manera de decirse a sí mismo que estaba en deuda con el pequeño Pelé que comenzó jugando en las calles de Baurú.

Liza Minnelli

(1946-)

La hija del torbellino

Ahora hablaremos de una hermosa niña que nació el 12 de marzo de 1946. Desde el preciso momento en que vino al mundo ya era toda una celebridad. Imagínense que Frank Sinatra, cuando se enteró de su nacimiento, fue a visitarla al hospital para darle sus buenos deseos. Desde entonces, todos quedaban asombrados con su bellísima sonrisa, con sus enormes ojos negros y su nariz respingada, pero sobre todo con su cautivadora simpatía.

Sí, Liza Minnelli ya tenía en la cuna los buenos augurios para triunfar. Sus padres eran dos de las personalidades más importantes del espectáculo: Judy Garland y el director de cine italiano Vincente Minnelli. Desde muy pequeña trató a Gene Kelly y a Fred Astaire, era vecina de Nat King Cole y de

Lana Turner y aprendió a nadar en la piscina de Sammy Davis Jr. Pero de ningún modo la vida de Liza ha sido fácil. Desde niña heredó los problemas y la mala suerte de sus padres, sus adicciones y sus derrotas. Los primeros años de Liza fueron difíciles y muy tristes; luego de muchos años de adicción pudo escapar del alcohol. Actualmente, Liza presenta un espectáculo con el que ha recorrido el mundo cantando sus éxitos y relatando su vida, en especial, comparte cómo pudo superar el alcoholismo.

Para Liza, sus padres son los personajes más importantes de su vida. Su padre, Vincente, era uno de los mejores directores de musicales de Hollywood. En 1944, dirigió *Cita* en San Luis, en la que trabajaba Judy Garland, la estrella de moda. En esa época, Judy estaba casada con el músico y compositor David Rose. No obstante, ella significaba muchísimas ganancias para la MGM y los directivos tenían el control sobre su vida. Hay que decir que el primer matrimonio de Judy fue en secreto y la madre de la actriz, Ethel Gumm, montó en cólera cuando su hija le dijo que quería embarazarse. "¿No te das cuenta de que eres un ídolo juvenil? ¿Quién te va a contratar si tienes un hijo? Además, nueve meses es demasiado tiempo, tus fans te pueden olvidar". Así como había desafiado a su madre al casarse con David, Judy volvió a desafiarla y se embarazó. Los directores de MGM decidieron que no era bueno que su estrella tuviera un hijo y la obligaron a abortar. Fue tan rápido y brutal el procedimiento, que tuvo que guardar cama por varias semanas. Su convalecencia tenía furiosos a los del estudio: "Inyéctenle vitaminas, denle pastillas, pero que regrese cuanto antes a trabajar", decían. Por mucho tiempo, Judy había vivido con pastillas para dormir, para despertarse y para adelgazar.

Tal vez, David no soportó que su joven esposa abortara (Judy tenía 20 años) y se divorciaron en 1945. Pero Judy había conocido a Vincente en 1944. Quizá desde entonces se enamoró de él, ya que era quien mejor la comprendía, quien la sabía manejar en escena, pero sobre todo quien la hacía lucir más bella en pantalla. No hay que olvidar que Judy nunca fue precisamente "bonita"; al contrario, había sido una niña que se sentía torpe y tendía a engordar. Había sido una niña sin infancia, dedicada a trabajar en los sets de filmación.

El enlace entre Minnelli y Garland no duró mucho. Casi toda la farándula sabía que él era homosexual. Dicen que Judy recibió varios anónimos en este sentido, pero que negaba las evidentes inclinaciones sexuales de su marido. Ante sus padres, Liza siempre ha tenido sentimientos encontrados. Por Vincente siempre ha tenido una fascinación total. En cambio, su madre fue víctima de las adicciones y murió en 1969, cuando apenas tenía 47 años. A pesar de que ambas actuaban juntas y frecuentemente se presentaban en televisión como si fueran las mejores amigas, Liza no dejaba de tenerle resentimiento por haberla convertido en actriz desde los tres años. Desde entonces comenzaron las ausencias mentales de su madre y las separaciones entre sus padres. No obstante, Vincente siempre estaba cerca de Liza; aunque estuviera muy ocupado, encontraba tiempo para llevarla al circo. En 1949, Liza apareció unos minutos en la cinta *In the Good Old Summertime*. Y a los siete años bailó en el teatro Palace de Nueva York, mientras su madre cantaba la canción *Swance*. Liza no podía tener otro destino: era una niña artista, hija de artistas, que no veía en su casa otra cosa que celebridades de cine.

Cuando Liza tenía cinco años, Judy y Vincente se divorciaron. No obstante, no se separaron por completo, vivían a cinco calles de distancia. Así es que iba a visitarlos a ambos. Pero poco después, Judy se casó con el productor Sidney Luft, su jefe en la MGM, y con él tuvo dos hijos, Lorna (1952) y Joey

(1955). Lorna, una famosa cantante, dice que el amor de su madre era su hijo Joey, ella ocupaba el segundo lugar en sus afectos y, en tercer lugar, Liza. Tal vez por esta causa, sentía que su madre era una mujer ausente, poco preocupada por su felicidad. Y tal vez por esa razón volcó todo su amor por Vincente: "Estaba locamente enamorada de mi padre. Creó para mí un mundo lleno de imaginación. Él me enseñó que todo es posible. En los rodajes era un torbellino, pero en casa se convertía en una persona silenciosa. Eso sí, muy divertido".

Sí, Vincente era la persona que realmente la procuraba. Cuánto lo extrañaba, sobre todo cuando comenzó a ir a la escuela. Dicen que cada vez que sus padres se mudaban de casa, ella asistía a una nueva escuela. En una ocasión, la enviaron a un campamento de verano en las montañas, a 140 kilómetros de Los Ángeles. Vincente iba a verla todos los fines de semana. En cambio, Judy sólo fue en dos ocasiones. Todas las noches, antes de dormir, Liza lloraba por su madre que no iba a visitarla, por su padre que estaba lejos, pero en especial porque tenía miedo de que sus hermanos le quitaran el cariño de su madre.

Muchos años después, Liza Minnelli declaró que de niña, cuando regresaba del colegio, varias veces se encontró con su casa completamente vacía. "Otra vez vinieron a embargarnos. Tu mamá volvió a apostar su dinero en el juego y no tenía con qué pagar sus deudas". Pero no sólo encontraba su casa sin muebles, sino que muchas veces encontraba a su madre tirada en la cama, drogada o borracha. Cuántas veces la vio llorar sin conocer la razón de su tristeza, o escuchó sus gritos histéricos o tuvo que desvestirla y llevarla hasta la cama debido a sus excesos. "Nunca tuve una infancia normal, nunca tuve una adolescencia como cualquier joven, nunca tuve el amor de mi madre, nunca he tenido tranquilidad, ni paz ni nada. Me quiero morir, pero por favor, no me dejes ir. Te necesito", le decía a su hija. A pesar de esos problemas, su público no dejaba de aclamarla.

Judy Garland murió el 22 de junio de 1969. Dicen que ese día hubo un gran ciclón en Kansas, idéntico al que se llevó a Dorothy al país de Oz. Judy no pudo salir del destino que le marcaba su infancia: una vida llena de pastillas, adicciones, dolor y, sobre todo, soledad. En cambio, Liza sobrevivió a varias operaciones de cadera y de rodilla, a una encefalitis y especialmente a su adicción a las drogas y al alcohol. Como su madre, ella también se ha casado varias veces, ha estado internada en clínicas de desintoxicación, ha pasado épocas de deudas y de embargos de sus casas; vive eternamente a dieta y sus soledades han sido infinitas. Sin embargo, Liza Minnelli ha podido reflexionar sobre su vida. Ahora viaja por todo el mundo, feliz, entregándose a su público. Cuando sale al escenario, se dirige a él y con las lágrimas dice: "Toda mi familia está en el cielo, así es que ahora ustedes son mi verdadera familia".

Herta Müller
(1953-)

Historias del país de los recuerdos

No sé por qué tengo la impresión de que Herta Müller, la escritora galardonada con el Premio Nobel de Literatura 2009, es una mujer reservada e introspectiva. Conforme veía las fotografías que los medios iban difundiendo a partir de tal distinción, me llamaban la atención sus penetrantes ojos, dueños de una mirada muy concentrada, tal como dicen que es su obra literaria. Sin duda, la gran mayoría de los lectores mexicanos se quedaron muy extrañados al conocer la designación de esta narradora, no obstante que ella había viajado a nuestro país en 2000 invitada por la Embajada de Alemania para leer algunos fragmentos de su obra en la Casa de Cultura Jesús Reyes Heroles. Como dice el escritor José María Pérez Gay: "El lector mexicano hallará pocos vasos comunicantes con su obra".

Conforme fui leyendo acerca de la vida de esta escritora, me enteré efectivamente de las situaciones históricas y sociales tan complejas que han rodeado su vida. Con razón, muchos han dicho que además de la gran obra literaria de Herta Müller, la Academia Sueca también premió su fortaleza y su gran valentía, pues esta mujer pertenece al pueblo suabo, una minoría de lengua alemana que vive en la región del río Danubio y en Rumania, en pequeños pueblos muy desconocidos, pues como expresó el alcalde de Nitzkydorf, la ciudad natal de la novelista: gracias a ella finalmente esta localidad aparecerá en los mapas.

Pero ¿cuáles son los orígenes y cómo fue la infancia de esta autora que tiene precisamente como una de sus características más importantes la recreación literaria del mundo de su niñez? Escuchemos lo que Herta Müller dice acerca del alemán: "Mi lengua materna es el alemán, porque provengo de la minoría alemana en Rumania. Así que el alemán es mi primer idioma. Luego está la lengua de la infancia. Pero, a decir verdad, con ella afronto el mayor problema: ignoro por completo si realmente es la lengua de mi infancia. Y es que durante mi niñez se conversaba demasiado poco para que existiese una lengua de la infancia".

Es necesario decir que a pesar de que la novelista habla alemán, se siente profundamente rumana, es decir, perteneciente a este país situado en el corazón de Europa, ese país con mucho atraso con respecto a los demás países del viejo continente y un país con una fuerte presencia de relatos muy antiguos. Tal vez, los suabos del Banato, como se llama el grupo al que pertenece la premio Nobel, conservan hoy los relatos que sus antepasados contaban desde que se instalaron en Rumania, hace más de dos siglos. Asimismo, dice Rafael Poch, corresponsal en Alemania del diario *La Vanguardia* ("El origen de la Nobel Herta Müller", 9 de octubre de 2009), que Herta fue una de los 200 mil suabos que emigraron durante el régimen de Nicolás Ceaucescu, el dictador de Rumania entre 1965 y 1989. Actualmente, hay alrededor de 60 mil suabos en Rumania, es decir que la gran mayoría abandonó su país en los años 80. Puede decirse que esta autora cuenta la historia de un mundo que ya desapareció, el de los suabos en Rumania, un mundo fantasmal en el que viven sus abuelos, sus padres y sus recuerdos de infancia.

Gracias a un espléndido reportaje de Raúl Sánchez Costa, publicado en *El País*, nos enteramos de que la antigua casa verde, hecha de adobe, en la que nació Herta y vivió con sus padres y sus abuelos, todavía existe, sobre la calle principal de Nitzkydorf. Ahí vivió con su padre, quien trabajó para la SS de los nazis y con su madre, una mujer quc vivió cinco años en un campo de concentración de Ucrania.

Desafortunadamente, ya casi no hay nadie que la recuerde en ese pequeño poblado de mil habitantes. Una de las vecinas, Eugenia Dragan, recordó que juntas estudiaban rumano al terminar las clases. Sí, los rumanos guardan muy pocos recuerdos de esta mujer que tuvo que dejar su país en 1987 a causa de la opresión del régimen de Ceaucescu. No obstante, el recuerdo más triste de su época en Rumania tiene que ver con su mejor amiga de la infancia; un día descubrió que esa niña a la que tanto quería, con la que acostumbraba jugar y a la que le contaba todos sus secretos, era informante de la policía secreta, pues hay que decir que el gobierno rumano también hacía que los niños y los adolescentes trabajaron como espías.

Finalmente, quiero decirles que en México pueden conseguirse dos libros de Herta Müller: *El hombre es un gran faisán en el mundo* y *En tierras bajas*, ambos editados por Siruela. He aquí algunos pasajes de este último libro de cuentos en el que la autora rememora los personajes de su infancia, con su estilo tan preciso y poético. Su abuela: "Pregunto a la abuela cuál es el lucero vespertino y ella me silba «tonta» y sigue rezando. Y yo sigo pensando que la virgen María no es una auténtica virgen María, sino una mujer de yeso, y que el ángel tampoco es un ángel de verdad, ni las ovejas son verdaderas ovejas, y que la sangre no es más que pintura al óleo".

Su madre: "Un día le pregunté si ella se pondría triste si alguien me alejara de su lado y me matara. Fui a dar contra la puerta del armario y acabé con un chichón azul en la frente, el labio superior hinchado y una mancha morada en el brazo. Todo producto del bofetón. Los hijos nunca deben guardar rencor a sus padres, pues se merecen todo lo que éstos hacen con ellos".

Su abuelo: "Mi abuelo sabe a veces que no sabe lo que sabe. Y entonces se pasea solo por la casa y por el patio, hablando a solas. Una vez lo vi cortando remolachas en el establo y él no me vio. Y por un instante adquirió un aspecto juvenil que no había tenido en mucho tiempo".

Estoy segura de que gracias a su calidad literaria, Herta Müller dejará de ser una desconocida para nosotros.

Michael Jackson
(1958-2009)

Antes de juzgarme

Dice uno de sus biógrafos que fue el hombre que nunca fue niño y el niño que nunca se hizo adulto. Con toda razón, los millones de admiradores de esta estrella de la música se han dedicado a investigar su infancia, llena de abusos, dificultades y, sobre todo, de tristeza. Con la muerte de este ídolo, prácticamente no hay nadie que no se haya convertido en un experto acerca de su vida. De ahí que las búsquedas por Internet hechas por quienes trataban de saber algo de su vida hicieron que muchas páginas electrónicas se saturaran y algunas hasta suprimieran el servicio. En Google apareció una leyenda en la que se leía: "Por el momento no podemos realizar su búsqueda".

¿Pero qué buscaban todas esas personas que a lo largo de muchos días inundaron la web? Quiero pensar que a quien buscaban era a ese niño de grandes chinos y sonrisa encantadora que aparece en muchísimas fotos. Pero, sobre todo, quiero pensar que intentaban comprender a ese niño que fue obligado a ser famoso por su padre, Joseph Jackson. No hay que olvidar que en repetidas ocasiones se ha dicho que este cantante fue maltratado por su padre, quien se aprovechó del talento de sus hijos para ganar dinero. Mucha gente opina que como Michael no tuvo una infancia feliz, quiso volver a ser niño a lo largo de toda su vida. Incluso, mucha gente vio como consecuencia natural que se revelara en 1994 una demanda en su contra por abuso sexual contra niños. ¡Pobre de Michael, pues ya no se enteró de que Jordan Chandler, el niño que lo demandó por abuso sexual, en realidad fue obligado por su padre a mentir! Hay que recordar que entonces Chandler apareció llorando ante las cámaras y acusando a Jackson de haberlo tocado sexualmente. No obstante, este joven, ahora de 24 años, acaba de declarar a los periódicos: "Hoy ya no puedo mentir. Michael Jackson nunca me hizo nada; fue mi padre quien mintió para escapar de la pobreza. Lamento que Jackson no esté aquí para saber si me perdona".

Michael sabía que esos niños eran obligados a mentir, y seguramente sentía una profunda pena por ellos. No hay duda de que él como nadie sabía lo que significaba tener una infancia controlada por los adultos. Una de sus canciones más emotivas, que dedicó a su infancia, *Childhood* (1995), dice:

> Antes de juzgarme
> esfuércense por amarme;
> mira en tu corazón y, después, yo te pregunto:
> ¿Has visto mi infancia?
> La gente dice que mi manera de ser es extraña
> porque amo las cosas más elementales;

ha sido mi destino compensar
la infancia que nunca conocí.

Michael nació en Indiana el 29 de agosto de 1958 y fue el séptimo de nueve hermanos. Su padre trabajaba operando una grúa y su sueldo apenas alcanzaba para mantener a su familia. Era muy rígido con sus hijos y les prohibía que tomaran una guitarra eléctrica que guardaba en casa. Su madre, Katherine, prefería que los niños cantaran en casa en vez de salir a la calle. Cuando este padre tan severo descubrió el talento de sus hijos, decidió formar en 1962 un grupo con sus cuatro hijos mayores, Tito, Jackie, Jermaine y Marlon. Michael, a pesar de tener apenas cuatro años, un día comenzó a bailar y cantar frente a su madre. A ella le pareció tan sorprendente su talento, que pidió a su esposo que lo escuchara. Michael se convirtió de inmediato en la primera voz del grupo, el cual tuvo un éxito enorme con el nombre de The Jackson Five. Por esta causa, como dijo a Oprah Winfrey en entrevista, ya no pudo ser como ningún otro niño. Ya no pudo tener amigos, ni jugar en la calle ni ir a fiestas con los niños de su edad. Los recuerdos infantiles de Michael consistían en aeropuertos, limusinas, programas de televisión, pero, sobre todo, muchos cuartos de hotel.

Cuando cumplió nueve años, los cinco hermanos fueron recomendados para grabar en el sello Motown. Gracias al estupendo reportaje de Roberto Ponce, "Fallece el rey del pop", de la agencia Proceso, nos enteramos de lo que escribió Berry Gordy, el dueño de esa disquera, en su autobiografía *Ser amado* (Warner Books, 1994): "Aquel muchachito tenía una increíble seguridad en sí mismo que me llamó la atención. Cantaba sus canciones con tanto sentimiento, inspiración y dolor, como si él hubiese experimentado todo eso que interpretaba. Y algo más que Michael atesoraba era una cierta calidad nunca antes vista que entonces no comprendí del todo, pero supe que era alguien especial. Ese muchachito Michael poseía tal seguridad en sí mismo que me llamó la atención, y al pasar a otra canción no dejaba de mirarme todo el tiempo, como si me estudiara. Todas las pistas correctas estaban en su sitio para que mi disquera los contratara: su profesionalismo, su disciplina, su talento. Y algo más que Michael poseía".

Diana Ross, entonces de 25 años, conoció a los cinco hermanos y decidió ayudarlos. La noche que los presentó, Diana se encontraba muy emocionada, feliz de ayudar a ese niño que cantaba con especial sentimiento: "Tengo el placer de presentarles esta noche a una joven estrella que ha trabajado en el mundo del espectáculo durante toda su vida y que cuando canta y baila ilumina el escenario: Michael Jackson y sus hermanos, The Jackson Five". No se equivocaba, era tan luminoso el estilo de estos jóvenes que la canción *I Want You Back* vendió dos millones de copias en dos meses.

De lo que nadie se daba cuenta era que Michael estaba dejando de ser niño sin haber disfrutado su infancia. La mayor parte de la semana, los hermanos ensayaban hasta la madrugada. Muchas veces, al día siguiente tenían que salir hacia una gira o presentarse en televisión. No había días para jugar. Michael comenzó a tener problemas de acné. "Me daban vergüenza los barros que me salieron en la cara. Me escondía y no quería mirarme al espejo, mi padre se burlaba de mí y yo lo odié. Solía llorar a diario por eso. Mi padre me decía que era feo. Me golpeaba. Cuando me iba a ver cantar, me enfermaba, sentía ganas de volver el estómago. De niño y de adulto".

No es de extrañar que Michael dejara fuera de su testamento a ese padre que le impidió vivir feliz. Asimismo, es natural que miles de admiradores hayan llegado a visitar la casa en donde nació, en la esquina de Jackson Street y Boulevard Jackson Family, en Gary, Indiana. Ahí, tal vez querían darse una idea de cómo era la vida de ese niño al que le fue arrancada la infancia.

"No tengo un concepto claro de infancia –dijo el propio Michael–. Tal vez por eso ahora me gusta vivir la vida como un juego, y disfrutar las diversiones infantiles, los animales, los cuentos. Nunca he sido un verdadero niño".

Carlos Fuentes Lemus

(1973-1999)

Sobrevivir en la poesía

Para Silvia, con todo mi cariño

"La pérdida de la infancia es uno de los acontecimientos del que es imposible salir ileso. El arribo a la adolescencia y la implícita belleza de la juventud, no son, muchas veces, consuelo suficiente". Mientras la escritora Mónica Nepote hablaba de esta manera, el público que se encontraba en la librería Rosario Castellanos del Fondo de Cultura Económica, escuchaba en silencio, un silencio muy conmovedor, pues ese día, 6 de agosto, convocaba la presentación del libro póstumo *La palabra sobrevive* (FCE, 1999), que reúne la poesía de Carlos Fuentes Lemus. En la mesa estaban, además, los escritores Jorge Volpi, Álvaro Enrigue y Joaquín Diez-Canedo.

Delante de mí, podía ver la espalda de sus padres, Carlos Fuentes y Silvia Lemus, muy derechitos, escuchando las palabras pronunciadas con tanto afecto. El 5 de mayo se cumple un aniversario más de la muerte de su hijo, fallecido en 1999. Mientras avanzaba la presentación, me imaginé que muchos de los poemas de este joven talentosísimo eran verdaderas cartas de despedida a sus padres, a su novia y a la vida, tal vez concebidas para ser leídas cuando él ya no estuviera. También pensaba que esos poemas eran al mismo tiempo una celebración por estar vivo, pues, en las condiciones que fuera, Carlos pudo disfrutar la vida y la belleza. Recordé el amoroso capítulo del libro *En esto creo* (Seix Barral, 2002) que Fuentes dedica a sus tres hijos, Cecilia, Natasha y Carlos; en él hace un relato de los principales hechos de la vida de su hijo. Cuenta que, en una ocasión, mientras viajaban por Andalucía, Carlitos pedía que el coche se detuviera para tomar fotos. De pronto, vio unos girasoles y los recogió para llevarlos a su casa en la Universidad de Cambridge. Carlos y Silvia pensaban que no florecerían en el frío de Inglaterra. Pero los girasoles comenzaron a florecer en la primavera, tan bellos como si los hubiera pintado Van Gogh. También pensaba en el título tan acertado de esta recopilación, *La palabra sobrevive*. A pesar de que hace 11 años su autor murió, sus palabras sobreviven, y él también sobrevive gracias a ellas. Por los presentadores del libro nos fuimos compenetrando con la vida y los poemas de un escritor muerto a los 25 años. "¿Sabes? –dijo un día a su padre– los artistas que murieron jóvenes no tuvieron tiempo para otra cosa sino para ser ellos mismos". Desde que Carlitos comenzó a caminar, sus padres se percataron de que sus articulaciones se hinchaban y de que se llenaba de moretones sin causa aparente. Los médicos diagnosticaron la causa: tenía hemofilia, por lo que su sangre no podía coagular. En la página 97 de su libro, Carlos Fuentes Lemus escribe unas palabras que hablan de su frustración:

> Cuando veinte horas pasan como veinte días y veinte noches
> lo que yo pueda hacerme a mí mismo no puede ser peor
> que lo que el Universo me ha hecho a mí.

Sí, este joven tenía claro que no tendría todo el tiempo que quisiera por delante.

Mientras tanto, Nepote continuaba comentando los poemas de *La palabra sobrevive*: "A veces parece que la compensación particular a esta nueva edad, la experiencia amorosa, es apenas un pequeño tributo a la aún punzante herida provocada por la expulsión del paraíso de la infancia". Puede decirse que Carlos Fuentes Lemus nunca abandonó la infancia, siempre guardó su niñez como un jardín en su mente. En el poema *Jardines tan grandes como el mío*, escribió:

> Pero un día ya no estaremos aquí,
> mis padres ya no estarán aquí,
> el mundo se volverá verde oscuro.
> Y yo lloraré.

Llama la atención que los poemas de Carlos sean tan visuales. No cabe duda que tenía sensibilidad de pintor. Desde que era muy niño sus profesores se dieron cuenta de su talento y, en secreto, mandaron sus dibujos al Premio Shankar de Nueva Delhi. Carlos tenía cinco años cuando ganó ese concurso y se mantuvo fiel a esa afición. Lo más terrible para él fue que en 1994, a los 21 años, una meningitis lo dejó sin la vista y el oído. Por suerte, el doctor Juan Sierra logró ayudarlo para que pudiera seguir creando. Tomás Eloy Martínez, el novelista argentino, se asombró de sus cualidades artísticas: "Lo conocí en Washington, en 1983, cuando fui a cenar a la casa de sus padres. Era un niño serio y retraído. Al final de la comida, tomó unas fotografías sin que nos diéramos cuenta y me mostró un álbum de dibujos espléndidos".

Carlos recibió toda su educación en inglés y en este idioma escribió prácticamente toda su obra. Carlos Fuentes, como explicó Volpi, se dedicó a traducir su obra: "No existía nadie más adecuado que su padre para traducir sus poemas, ahí está la gran muestra de su cariño".

Pero los poemas de Carlos Fuentes Lemus no sólo reflejan tristeza, también hablan de la alegría de vivir y de enamorarse. En sus poemas hay luz y movimiento, colores y formas, y sobre todo recuerdos bellísimos. Dice su padre que un día antes de morir, Carlos estaba feliz, y que habló a sus amigos. Al día siguiente, murió de manera inesperada, de un infarto pulmonar. Por suerte, Carlos estuvo siempre acompañado. La agente literaria Carmen Balcells escribió unas palabras muy conmovedoras acerca de Silvia Lemus cuando se ocupaba de la salud de su hijo: "Me impresionó su fragilidad y el desvelo de Silvia, que, más que una mamá, parecía una novia o una amiga entrañable ofreciendo su inquebrantable apoyo a un muchacho lleno de inquietudes y de deseos juveniles de entrar en una normalidad que nunca le fue posible".

Cuando salíamos de presentación, me pregunté si todavía florecerán los girasoles que él plantó en Cambridge.

Epílogo

Como editores, propusimos que esta apasionada aventura infantil, este recuento conmovedor y sorprendente culminara con algunas impresiones de la infancia de esta espléndida y singular biógrafa, Guadalupe Loaeza.

La autora ha descrito de manera sutil o intensa, amorosa o doliente, provocativa o melancólica, la niñez de artistas, escritores, pintores, hombres de gobierno y demás celebridades para abrir una ventana donde la luz del ingenio, a través de la niñez, brilla de manera esplendorosa y la remembranza infantil relumbra en nuestra memoria.

El texto con el que Guadalupe Loaeza cierra este libro, una memorable estampa de su infancia, es más que emotivo y lleno de ternura, sencillamente íntimo, generoso a los lectores y profundamente conmovedor.

Carta a mi madre...

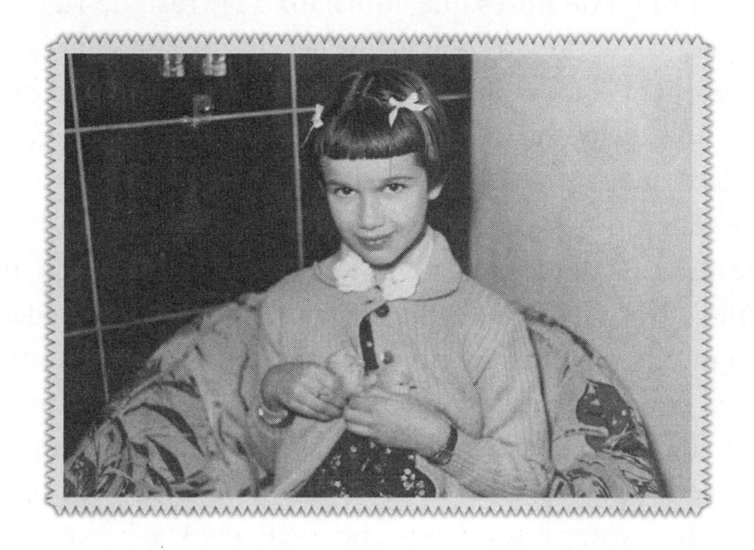

Querida mamá:

Hace muchos años, cuando estaba en el colegio, no había nada que me aterrara más, aparte de los exámenes finales, que la cercanía del Día de las Madres. Recuerdo que dos meses antes de la fecha, se nos anunciaba: Niñas, dentro de unos días les repartiremos la costura que le darán a su mami. Finalmente llegaba el día de la distribución de los materiales para hacer el trabajo manual, cuya calificación era tan importante como las materias de geografía o historia.

Según el año que se cursara era la complejidad de la costura, la cual siempre tenía que ver con enseres domésticos. Las de sexto año, por ejemplo, tenían que bordar un mantelito de *bridge*, o bien una bolsa de manta para la ropa sucia. Las de cuarto y quinto tenían que cortar un pedazo de fieltro para después decorarlo con muchas florecitas del mismo material hasta convertirlo en un precioso forro para el directorio telefónico. Las de primero, segundo y tercero tenían que bordar unos ramitos de flores que adornaban la frase de rigor: Te amo, mamá, sobre dos bolsas que servirían para guardar los cepillos para el aseo de los zapatos. De todo lo que bordé en esos años, de lo que más me acuerdo es precisamente de ese cepillero que tantas dificultades me representó.

Recuerdo que durante varias semanas remplazamos la clase de inglés por la de costura. Generalmente nos reuníamos en uno de los salones de actos para podernos sentar alrededor de la monja que nos instruía en nuestra respectiva costura. Niñas, pongan mucha atención cuando borden las hojitas. Hagan de cuenta que tiene la forma de una cadenita. Procuren no coserla muy apretadita. El remate es lo más importante. Éste deberá estar muy bien hecho, de lo contrario con las lavadas podría zafarse el hilo. Si quieren que les quede muy bonito su bordado, deberán rezar una oración; de este modo su mami se dará cuenta que lo hicieron con amor.

En tanto oía todas estas recomendaciones, me esmeraba al máximo al mismo tiempo que elevaba mis oraciones. Quería que mi bordado me quedara perfecto. Pero desafortunadamente, mamá, Dios no me llamó por el camino de la costura. Las flores me salían horribles; las hojitas en lugar de que se vieran alargaditas, parecían cuadradas; en la parte de atrás de la costura, se advertían unos nudos espantosos. Y por si fuera poco, siempre se me enredaba el hilo.

Tres veces me deshicieron el cepillero y tres veces me vi obligada a quedarme a comer en el colegio con el objeto de terminar tu regalo. Ay, niña, si no te aplicas más, jamás terminaremos para el 10 de mayo. No te olvides que todavía lo tengo que lavar y planchar. A mamá no le gustaría recibir una costura mal hecha, y además sucia y arrugada. La monja de costura ya no sabía qué hacer conmigo. Todo me lo reprochaba: que si mi aguja siempre estaba como pegajosa; que si el hilo se me hacía nudo; que si esto, que si lo otro. Entre más me regañaba, más me ponía nerviosa. Llegó un momento que hasta me cosí mi uniforme con mi costura. Además, mira cómo está la primera "m" en relación con la segunda. El tronco de la rama está demasiado grueso por las puntadotas que hiciste. Cuándo se ha visto que la corola de las flores sea morada, para eso tenías tu madeja de amarillo...

La víspera del día que teníamos que entregar nuestro trabajo, no pude dormir. Toda la noche me la pasé rezando a todos los santos del cielo a la vez que cosía y descosía hojitas en todos los tonos de verde. Qué horror, me está quedando horrible. Además, para qué me apuro tanto si yo jamás he visto que en mi casa se engrasen los zapatos. Mi papá siempre se da grasa con un viejito en el Paseo de la Reforma...

Dos días después de haber entregado nuestro cepillero la madre nos anunció: Hoy vamos a envolver el regalo de mamá. Voy a distribuirles un pliego de papel de China. Cuando llegó a mi lugar me hizo un guiño: No te preocupes, tu costura te quedó preciosa, me dijo con su aliento de hostia. Cuando me la entregó, no lo podía creer. ¡Estaba preciosa! Limpio y planchadito por las manos de mi monja de costura, el cepillero se veía como nuevo. Las flores y las hojas se veían perfectamente bien bordadas; el bordado de las ramas estaba impecable, pero lo más bonito de todo era la inscripción Te amo, mamá. Me puse feliz. Tomé el papel de China y con toda la delicadeza del mundo envolví el regalo del Día de las Madres.

Creo que ese 10 de mayo cayó en sábado. Recuerdo que cuando bajé a desayunar estabas hablando por teléfono. Ay, mamá, ¿nunca has calculado cuántas horas de tu vida has pasado con la bocina del teléfono en la mano? Para no molestar, decidí irme a desayunar. Mis hermanas seguían dormidas. De pronto apareció mi papá y vio tu regalo en la mesa del comedor. ¿Por qué no se lo das?, me preguntó. Voy a esperar a que cuelgue, dije sintiéndome muy orgullosa de mi costura.

Si no me equivoco pasó cerca de una hora y tú seguías en el teléfono. Como veía que faltaría mucho tiempo para que colgaras, opté por presentarme frente a ti para entregarte tu regalo. Así lo hice. Pasaron varios segundos antes de que te percataras de mi presencia. ¿Qué quieres?, me preguntaste en un tono áspero. Es que te quiero dar tu regalo, mamá. Acto seguido extendiste tu brazo desocupado, tomaste el regalo, lo colocaste a un lado del teléfono sobre la mesita, y me hiciste un guiño como diciéndome al ratito lo veo.

Como quería que lo abrieras me quedé frente a ti. Pasaron varios segundos. Súbitamente dijiste: Ay, niña, no esté moliendo, luego lo veo.

Me fui corriendo con un nudo en la garganta. Subí a mi cuarto, me metí a la cama, y me cubrí toda con las cobijas. No le importa. Se le olvidó que hoy era Día de las Madres. No existo..., pensaba mientras sentía cómo me rodaban las lágrimas.

El lunes, después de rezar, lo primero que nos preguntó la monja fue qué habían dicho nuestras respectivas mamás de los cepilleros. A mi mami le gustó mucho, dijo Inés. A mí me felicitó, agregó Beatriz. Mi mami luego luego lo colgó en el clóset, apuntó Ana María. ¿Y la tuya qué te dijo?, me preguntó la madre con una sonrisa de complicidad. Ay, le fascinó. Me dijo que era lo más bonito que había hecho y que era una gran bordadora, le contesté sintiéndome como esas artistas que salen en las telenovelas cursis.

No le podía decir la verdad frente a toda la clase. No le podía decir que jamás abriste el regalo. No le podía decir que esa mañana te habías quedado en el teléfono casi hasta la hora de la comida. Pero créeme, mamá, que lo que menos le podía decir era que el cepillero todavía se encontraba envuelto sobre la mesita a un lado del teléfono tal y como lo habías dejado la mañana del 10 de mayo.

Así, se quedó muchas semanas. Jamás supe si lo abriste o se tiró a la basura junto con otros papeles. El caso es que el famoso cepillero desapareció. Jamás se utilizó. Jamás lo vi colgado detrás de ninguna puerta de la casa.

Por otro lado, mamá, quiero que por favor no pienses que esto es un reproche. Lo que sucede es que hace mucho tiempo tenía esta espinita en el corazón y pensé que el contarte este recuerdo tan triste, era una forma de sacármela. Créeme que al hacerlo me dolió, pero ya se me salió. No la siento. Ya no está allí. De hecho me siento más ligerita. Por último quiero decirte que, te encuentres donde te encuentres, si supiera coser como mi monja de costura de tercer año de primaria, te lo juro que el próximo sábado, te bordaría en una gran manta:

Te amo, mamá...

Guadalupe
8 de mayo de 2003